세계 식생활과 문화

이승우

창지사

머/리/말

세계의 식문화는 한 가지의 측면에서 해석하고 분석하기에는 너무나 다양한 요소들이 존재하며 이러한 복잡 다양한 요소들의 이해가 선행되어야 비로소 그 나라의 문화를 알 수 있다. 먼저 식품을 조리 및 가공하는 측면에서 접근하고, 그 다음 문화적인 측면에서 접근하면 한 국가의 복잡 다양한 요인들을 전체적으로 볼 수 있다.

식생활과 문화는 어떻게 접근하느냐에 따라서도 그 의미가 달라질 수 있다. 예를 들어 식문화를 다루는 문헌들을 살펴보면 지리적 위치, 기후, 자연환경, 종교, 역사, 전통 등에 따라서 문화를 구성하는 방식이 다르다.

이 책에서는 문화를 이해하는 데 있어서 동서양의 차이와 유사점이 무엇인지, 또한 그 유사성과 차이는 어디에서 기인하였는지를 살펴보는 데 초점을 두었다. 이웃 국가일지라도 국가 간의 음식문화는 유사한 동시에 차이가 있다. 따라서 한 가지 요소만으로 문화를 이해하기에는 부족함이 있음을 다시 한번 강조하고 싶다.

문화를 이해할 때 그 나라의 음식문화가 국제적으로 인정받으려면 어떻게 해야 할지 고민하게 된다. 우리나라도 한식을 세계화하기 위해 우리 것이 좋다는 것을 알리려면 '어떻게' 해야 할 것인가에 대해 많은 고민을 하게 되는데, 이러한 고민을 덜기 위해 이 책에서는 한국의 문화차원 지수(cultural dimension index)를 기준으로 여러 국가와의 문화 차이를 비교·분석하여 세계 문화를 이해하는 데 도움이 되도록 구성하였다.

PART 1에서는 문화를 이해하는 기본 요소로서 CHAPTER 1 '문화에 대한 이해'와 CHAPTER 2 '문화란 무엇일까?'라는 주제를 다루었다. 또한 PART 2의 CHAPTER 3~CHAPTER 8까지 아프리카의 문화, 오세아니아 국가의 문화, 유럽 국가의 문화, 남미 국가의 문화, 아시아 국가의 문화, 북·중미 국가의 문화 등 대륙별 문화를 살펴보고 길트 홉스테데의 문화차원이론 중 권력 거리 지수, 개인주의·집단주의, 과업 지향적·대인관계 지향적, 불확실성에 대한 회피 지수 등 네 개의 차원을 한국과 비교해 보았다.

이 책을 통해 각 국가들이 지니고 있는 특성을 이해하는데 도움이 되기를 바란다. 식생활에 초점을 두어 이해하려는 노력도 중요한 접근이지만 문화를 바탕으로 해석하려는 시도는 독자들이 더 많은 지식을 습득하는 데 도움이 될 것으로 사료된다.

이 책이 발간될 수 있도록 도와주신 창지사의 임직원 및 관계자 분들과 식생활과 문화를 이해하고자 하여 풍부한 질문을 주었던 학생들에게 진심으로 감사드리고 싶다.

차/례

CHAPTER 05 유럽 국가의 문화 · 69

CHAPTER 06 남미 국가의 문화 · 139

CHAPTER 07 아시아 국가의 문화 · 152

CHAPTER 08 북·중미 국가의 문화 · 187

유럽 국가의 문화
남미 국가의 문화
아시아 국가의 문화
북·중미 국가의 문화

part 1

문화의 이해

culture food life nation continent

01 CHAPTER

문화에 대한 이해

흔히 문화는 서로 다르거나 또는 유사한 것으로 여겨진다. 이는 분명 잘못된 것은 아니다. 이렇게 혼재된 개념이 일리(一里) 있는 이유는 문화의 다양성 때문이다. 지리적으로 근접한지 또는 먼 거리에 있는지, 기후조건이 유사한지 다른지, 정치적인 이해 관계가 유사하거나 차이가 있는지, 개인주의인지 또는 집단주의인지에 따라 문화는 유사하게 보일 수도 있고 또는 이질적인 모습으로 나타날 수도 있다.

동양 문화에 거주하는 사람들은 서양 문화를 다소 의아하게 생각하며 그 반대의 문화권역에도 같은 생각을 하게 된다. 예를 들어 '원숭이', '판다', '바나나'를 두 그룹으로 나누라고 한다면 동양과 서양의 차이가 있을 것이다. 원숭이와 판다를 한 그룹으로 묶을 수 있을 것이고 또는 원숭이와 바나나를 묶을 수도 있을 것이다. 잘못된 묶음은 존재하지 않는다. 다만 묶는 기준이 다를 뿐이다. 일반적으로 서양 문화에서는 '원숭이와 판다'를 묶는 경향이 있는데 이는 '종류의 유사성'에 초점을 둔 결과이며 동양 문화에서는 '원숭이와 바나나'를 묶는데, 이는 '원숭이는 바나나를 먹는다.'라는 '관계'에 초점을 맞춘 결과이다.

그렇다면 우리 주변에서 발생하는 사건·사고에 대한 접근은 과연 동양과 서양의 차이가 존재할까? 예를 들어 A가 폭행에 가담하여 언론의 주목을 받게 되었다고 가정했을 때, 이에 대한 언론의 접근은 차이를 보인다. 서양의 인식에서는 A씨가 성격 장애로 인해 일을 폭행으로 해결하려고 하였다고 보도하는 반면에 동양의 인식에서는 A씨가 처한 상황에서 어쩔 수 없었음에 초점을 두고 보도한다.

그래서 사건(incident)과 사고(accident)로 구분 짓는 기준이 사뭇 다르기도 하다. A씨의 폭행문제는 서양의 인식에서는 사건(incident)이 될 수 있으며 동양의 인식에서는 사고(accident)가 될 수 있다. 이에 대하여 굳이 법적인 잣대를 들이댄다면, 의도성(意圖性)을 가진 행위는 사건이 되므로 무겁게 처벌되는 반면에 의도성을 가지지 않는 우연성(偶然性)에 초점을 두면 사고로 규정되어 처벌이 다소 경미하다.

미시건 대학의 심리학 교수인 리처드 니스벳(Richard Nisbett)은 동양과 서양의 차이를 설명하면서 조수간만의 차이를 예로 들었다. 서양 문화에서는 18세기 후반까지도 조수간만의 차이가 어떻게 발생하는지에 대한 답을 얻지 못했고 갈릴레오도 이에 대한 수많은 가설을 세웠지만 모두 틀렸다고 지적하였다. 하지만 동양 문화에서는 '어떻게(how)'와 '왜(why)'에 대한 이해가 있었다고 하였는데, 즉 서양적인 사고는 동떨어진 물체 사이에는 서로 영향을 주고 받지 않는다는 믿음이 강한 반면, 동양적 사고는 두 물체 사이에는 보이지 않을지 모르지만 기(氣)가 흐르고 있기에 연결되어 있을 것이라고 믿었다. 이를 바탕으로 밀물과 썰물이 발생함을 알아냈고 오늘날에도 음력을 기준으로 밀물과 썰물의 시간을 구분 짓는다. 이러한 해석은 어쩌면 한국의 오랜 문화에서도 찾을 수 있을 것이다. 가령, 제주도의 해녀들이 물질을 할 때, 물의 흐름을 먼저 직시하고 있었고 이것을 바탕으로 '언제(몇 시)' 물질을 할 수 있고 없는지를 구분하였을 것이라고 추정할 수 있다.

동양과 서양의 문화인식 차이를 설명한 EBS의 다큐멘터리인 〈동과 서〉를 보면 알 수 있듯이 우리 삶에서 당연시되는 것들도 이해와 분석의 차이가 있다. 어쩌면 차이가 있는 것은 당연한 것인지도 모른다. 차이가 있기 때문에 그에 대한 호기심이 발생하며 낯선 여행을 기획하고 색다른 경험을 갖기 위해 재원을 투자하는 것이다. 낯선 여행을 통해서 반복적인 행위가 발생되고 다른 문화가 낯설지 않게 느껴지면 그것은 이제 한 개인의 문화가 된다. 즉, 개인은 다른 문화의 구성체가 되어 가는 과정에 있는 것이다. 하지만 간과하지 말아야 할 것은 문화란 급진적으로 변화하지 않는다는 사실이다. 다시 말해 개인 자신은 타 문화에 적응해 가는 과정에 있을 뿐이다.

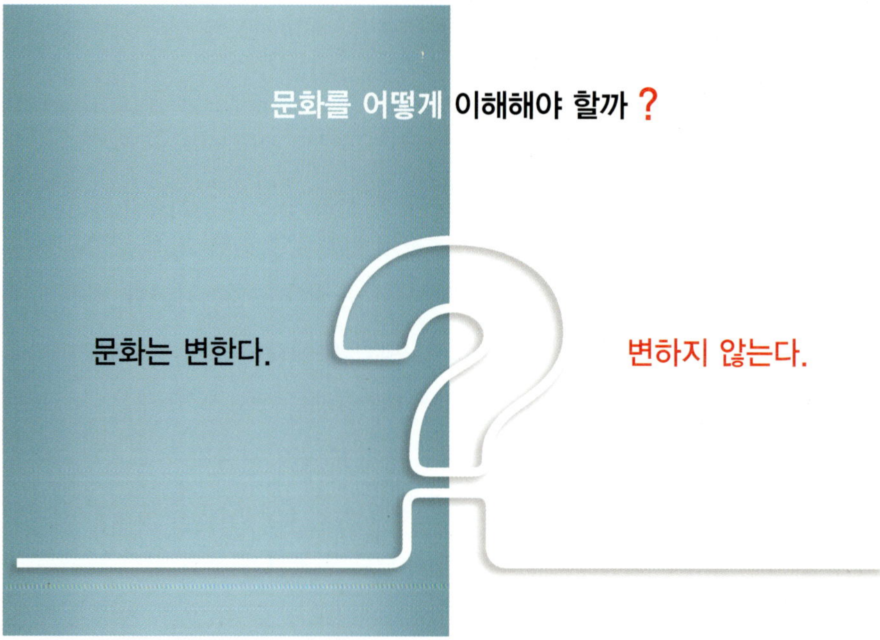

문화는 다양한 주제를 포함하고 있어서, 문화를 어느 한 분야에 국한하여 세분화하기란 매우 어려운 일이다. 음식문화를 이해할 때 단순히 '나라가 다르기 때문에 다를 것이다.'라는 가설은 맞을 수도 있겠으나 앞서 언급하였듯이 역사적인 교류, 지리적 위치, 자연환경, 종교 등에 의해서도 구분이 지어지기 때문에 이러한 다양한 요소들을 병행하여 학습하는 것이 음식문화를 좀 더 정확하게 이해하고, 음식문화의 차이를 이해하는 데 도움이 될 것이다.

culture food life nation continent

02 CHAPTER 문화란 무엇일까?

문화란 무엇일까? 문화차원이론을 데이터를 통해서 검증한 길트 홉스테데(Geert Hofstede)는 문화에 대하여 다음과 같이 정의를 내렸다. "The collective programming of the mind distinguishing the members of one group or category by people from others(사람들의 그룹이나 카테고리의 구성원들을 하나하나 구별하는 집단 지성 프로그래밍)" 즉, 집단과 집단 사이를 구분 짓는 집단적 사고 행위로 명명하였다(geerthofstede.com).

문화는 다양한 상호작용을 통해 진화하는 연속적 생물(moving entity)과도 같다. 이 의미는 문화는 변하지 않고 없어지는 것이 아니라 변화를 거듭하면서 다른 형태의 모습으로 전이가 이루어지는 것이라고 해석할 수 있다. 문화의 요인으로는 지식(knowledge), 경험(experience), 믿음(beliefs), 가치(values), 태도(attitudes), 계층(hierarchy), 축적된 행위(cultivated behavior) 등이 이에 속한다. 문화는 더욱 넓은 의미로는 그 시대의 패러다임(paradigm: 사람들이 지니고 있는 믿음, 즉 사고의 체계)과 연계되기도 하며, 이러한 요인들은 사람들 간 또는 세대 간에서의 학습된 행위라고 할 수 있다. 즉, 문화는 타고난 것이 아니라 학습되는 것이다.

문화를 이해할 때 국가 간에 서로 '어떻게' 유사하고 다른지 또는 '어떠한 면'에서 유사하고 다른지를 파악할 필요가 있다. 이와 관련하여 많은 학문 및 산업분야에서 홉스테데가 주장하는 국가 간 문화차원이론(national cultural dimensions theory)을 분석하며 사용하고 있다.

이 책에서도 홉스테데의 문화차원이론을 기본적으로 이해하고 이를 확장하여 각 국가의 문화지수를 한국과 비교·설명하고자 한다. 이러한 접근은 문화차원이론에서 제시하는 수치(indices)가 절대적인 수치라기보다는 상대적일 수 있으며 앞서 지적하였던 바와 같이 문화는 급진적이지는 않지만 변화가 발생하기 때문에 이를 분석하는 것은 독자의 몫이 될 것이다. 각 조직이나 사회의 구체적인 문화를 학습하고자 할 계획이 있는 분들은 Geert Hofstede(https://geert-hofstede.com)의 내용을 참고하길 바란다. 뿐만 아니라 이 책에서 사용하는 각국의 문화분석과 문화차원 지수의 수치 또한 홉스테데의 홉스테데의 이론에 근거하였음을 먼저 밝힌다.

문화차원이론은 일반적으로 여섯 가지 차원으로 이해가 되는데 그 내용은 다음과 같다.

① 권력 거리 지수(power distance index)
② 개인주의 vs. 집단주의(individualism vs. collectivism)
③ 과업 지향적 vs. 대인관계 지향적(masculinity vs. femininity)
④ 불확실성에 대한 회피 지수(uncertainty avoidance index)
⑤ 장기와 단기 지수(long-term orientation vs. short-term orientation)
⑥ 관용과 규율 지수(indulgence vs. restraint index)

하지만 문화지수의 ⑤, ⑥번째인 '장기와 단기 지수', ' 관용과 규율 지수'는 이에 대한 여러 논쟁(예 일부 국가에 한정된 자료)이 있으므로 ①~④번째인 '권력 거리 지수', '개인주의 vs. 집단주의', '과업 지향적 vs. 대인관계 지향적', '불확실성에 대한 회피 지수'의 측면에서 국가 간의 문화를 비교·설명하고자 한다.

각각의 지수는 0~120의 수치로 나누었으며 국가가 나타내는 지수는 상대적(相對的)인 개념으로 접근하면 이해가 쉬울 것이다. 문화는 국가별로 다르기도 하지만, 소속된 집단 사이에서도 다를 수 있고 개인 간의 문화차원도 다소 다를 수 있다. 가령, 많은 국가의 젊은 세대는 디지털화된 사회와 글로벌화되어가는 과정에서 기성세대(旣成世代)와 비교하여 국가 간 차이가 크게 나타나지 않을 것이다. 따라서 이 책에서 언급하는 문화차원 지수는 국가를 기준으로 한 것이며 국가 간의 문화에 한정지어 설명하려고 한다.

권력 거리 지수(power distance index)

요약하면, 권력 거리 지수는 어떠한 조직(단체, 기관, 가족)에서 낮은 권력에 속한 구성원이 인지하는 권력의 분배 정도를 의미한다. 수치가 낮을수록 평등한 사회를 지향하고 있으며 공평한 분배를 수용하고 기대하는 정도라고 정의할 수 있다.

예를 들면, 한국의 권력 거리 지수는 60/120이다. 누군가는 한국의 권력 분배 정도가 평등하다고 느낄 것이고 또 다른 누군가는 불평등하다고 인지할 수 있을 것이다. 이 60이라는 수치를 우리(한국인)가 평소에 어떻게 인지하고 있는지를 기준으로 한국의 권력 분배 정도를 가늠해 본다면, 다른 국가와 비교하는 데 있어서 보다 이해도를 높일 수 있을 것으로 사료된다.

지수가 낮은 사회의 특성은 민주적이며 서로 의견을 주고받을 수 있고 비판이 수용된다. 지수가 높은 사회의 특성은 가부장적인 권력관계와 계급주의적 성격을 가지고 있다. 참고로 지수가 가장 높은 국가는 말레이시아(104/120)이며, 가장 낮은 국가는 오스트리아(11/120)로 나타났다.

표 1 권력 거리 지수

순위	국가	수치	순위	국가	수치
1	말레이시아	104	34	태국	64
2	파나마	95	35	페루	64
3	과테말라	95	36	포르투갈	63
4	필리핀	94	37	칠레	63
5	멕시코	81	38	우루과이	61
6	베네수엘라	81	39	그리스	60
7	이집트	80	40	한국	60
8	이라크	80	41	이란	58
9	쿠웨이트	80	42	대만	58
10	레바논	80	43	체코	57
11	리비아	80	44	스페인	57
12	사우디아라비아	80	45	파키스탄	55
13	아랍 에미리트	80	46	일본	54
14	중국	80	47	이탈리아	50
15	인도네시아	78	48	남아프리카 공화국	49
16	에콰도르	78	49	아르헨티나	49
17	인도	77	50	헝가리	46
18	가나	77	51	자메이카	45
19	나이지리아	77	52	미국	40
20	시에라리온	77	53	네덜란드	38
21	싱가포르	74	54	호주	36
22	브라질	69	55	영국	35
23	프랑스	68	56	독일	35
24	폴란드	68	57	코스타리카	35
25	홍콩	68	58	스위스	34
26	콜롬비아	67	59	핀란드	33
27	터키	66	60	스웨덴	31
28	엘살바도르	66	61	노르웨이	31
29	벨기에	65	62	아일랜드	28
30	에티오피아	64	63	뉴질랜드	22
31	케냐	64	64	덴마크	18
32	탄자니아	64	65	이스라엘	13
33	잠비아	64	66	오스트리아	11

개인주의 vs. 집단주의(individualism vs. collectivism)

개인주의와 집단주의의 구분은 개인 간의 관계에 초점을 두는지 또는 그룹 사이에 관심을 갖는지에 대한 정도를 의미한다. 즉, 수치의 높고 낮음에 따라서 그 국가가 개인주의적 사회를 지향하고 있는지 또는 집단주의적 사회의 성격을 보이는지를 나타낸다.

참고로 한국은 18/120이며 매우 집단주의적 성격을 나타내고 있다. 집단주의적 특성을 보이는 사회는 가족과 지역사회를 중시하고 충성도가 높으며, 갈등이 발생할 때 서로 지지하는 모습을 찾을 수 있으며 '나'와 '우리'로 구분짓기도 하는데 집단주의는 '우리'라는 공동체적 관심도를 보인다. 가장 집단주의적 사회를 보이는 국가는 과테말라(6/120)이다.

반면 개인주의적 사회는 자신이나 자신과 직접 연관되어 있는 소규모 집단 또는 직계가족에 대한 연계가 강하다고 할 수 있다. 예상하는 바와 같이 현대사회에서 가장 개인주의적 성격이 강한 사회는 미국(91/120)을 들 수 있다.

표 2 개인주의 vs. 집단주의

순위	국가	수치	순위	국가	수치
1	과테말라	6	34	쿠웨이트	38
2	에콰도르	8	35	레바논	38
3	파나마	11	36	리비아	38
4	베네주엘라	12	37	사우디 아라비아	38
5	콜롬비아	13	38	아랍 에미레이트	38
6	인도네시아	14	39	브라질	38
7	파키스탄	14	40	자메이카	39
8	코스타리카	15	41	이란	41
9	페루	16	42	일본	46
10	대만	17	43	아르헨티나	46
11	한국	18	44	인도	48
12	엘살바도르	19	45	스페인	51
13	중국	20	46	이스라엘	54
14	가나	20	47	헝가리	55
15	나이지리아	20	48	오스트리아	55
16	시에라리온	20	49	체코	58
17	싱가포르	20	50	폴란드	60
18	태국	20	51	핀란드	63
19	칠레	23	52	남아프리카 공화국	65
20	홍콩	25	53	독일	67
21	말레이시아	26	54	스위스	68
22	에티오피아	27	55	노르웨이	69
23	케냐	27	56	아일랜드	70
24	탄자니아	27	57	프랑스	71
25	잠비아	27	58	스웨덴	71
26	포르투갈	27	59	덴마크	74
27	멕시코	30	60	벨기에	75
28	필리핀	32	61	이탈리아	76
29	그리스	35	62	뉴질랜드	79
30	우루과이	36	63	네덜란드	80
31	터키	37	64	영국	89
32	이집트	38	65	호주	90
33	이라크	38	66	미국	91

과업 지향적 vs. 대인관계 지향적(masculinity vs. femininity)

과업 지향적인지 대인관계 지향적인 사회인지는 어떠한 사회에서 발생하는 성별에 대한 역할의 분배 정도에 따라 나눌 수 있다. 일반적으로 생리학적 구분을 할 때 남성은 여성에 비해 상대적으로 공격성향이 많고 도전적이라고 하는 반면, 여성은 섬세하고 감정이 풍부하다고 한다.

이를 측정하는 지수가 높으면 과업 지향적 사회이며 영웅주의적, 목표지향적, 확신적, 그리고 성공에 대한 물질적 보상에 관심을 보인다. 이 분류에 포함되는 개인들도 의사 표현은 직설적인 방법을 자주 사용하는 경향이 있다. 반면에 대인관계 지향적인 사회는 상호협력, 겸손, 배려, 삶의 질에 관심을 보인다. 이러한 분류에 속하는 개인들은 의사 표현을 할 때 에둘러서 표현하는 즉, 간접적 방식을 선호한다.

가장 '과업 지향적'인 국가는 한국의 이웃 국가인 일본(95/120)이며, 대인관계 지향적 국가는 스웨덴(5/120)으로 파악된다. 이 영역에 대한 한국의(39/120) 모습은 대인관계에 더욱 관심을 보이는 국가로 볼 수 있다.

표 3 과업 지향적 vs. 대인관계 지향적

순위	국가	수치
1	스웨덴	5
2	노르웨이	8
3	네덜란드	14
4	덴마크	16
5	코스타리카	21
6	핀란드	26
7	칠레	28
8	포르투갈	31
9	태국	34
10	과테말라	37
11	우루과이	38
12	한국	39
13	엘살바도르	40
14	에티오피아	41
15	케냐	41
16	탄자니아	41
17	잠비아	41
18	페루	42
19	스페인	42
20	이란	43
21	프랑스	43
22	파나마	44
23	대만	45
24	터키	45
25	인도네시아	46
26	가나	46
27	나이지리아	46
28	시에라리온	46
29	이스라엘	47
30	싱가포르	48
31	브라질	49
32	파키스탄	50
33	말레이시아	50
34	이집트	52
35	이라크	52
36	쿠웨이트	52
37	레바논	52
38	리비아	52
39	사우디아라비아	52
40	아랍 에미리트	52
41	벨기에	54
42	아르헨티나	56
43	인도	56
44	홍콩	57
45	그리스	57
46	체코	57
47	뉴질랜드	58
48	호주	61
49	미국	62
50	에콰도르	63
51	남아프리카 공화국	63
52	콜롬비아	64
53	필리핀	64
54	폴란드	64
55	중국	66
56	독일	66
57	영국	66
58	자메이카	68
59	아일랜드	68
60	멕시코	69
61	스위스	70
62	이탈리아	70
63	베네수엘라	73
64	오스트리아	79
65	헝가리	88
66	일본	95

불확실성에 대한 회피 지수(uncertainty avoidance index)

불확실성에 대한 회피 지수는 사회가 불확실성이 발생하였을 시에 대응하는 성격을 일컫는데 수치가 낮으면 가변적(可變的)인 것들에 대하여 불편을 덜 느끼며 예상하지 못한 것들에 대하여 불안감을 보이는 정도가 작다고 볼 수 있다. 이러한 사회에서는 다양한 사고와 아이디어를 받아들이고 규제가 약하며 모호함에 대한 불편이 덜한 사회로 이해할 수 있다. 대표적인 국가로는 싱가포르(8/120)이다. 이에 반하여 수치가 높은 사회는 규칙, 법, 정확한 규범이나 진실 그리고 사회적으로 인정하고 있는 규범 등에 대하여 거리낌 없이 또는 의심 없이 받아들이는 모습을 드러낸다. 이에 대한 대표적인 국가로는 그리스(112/120)이다.

한국은 이 영역에서 85/120를 보이고 있다. 한국의 문화는 수치가 제시하는 바와 같이 정해진 규범에 의지하는 경향이 강하고 새로움을 추구하려는 의지가 약하다고 볼 수 있다.

표 4 불확실성에 대한 회피 지수

순위	국가	수치	순위	국가	수치
1	싱가포르	5	34	쿠웨이트	68
2	자메이카	8	35	레바논	68
3	덴마크	14	36	리비아	68
4	스웨덴	16	37	사우디아라비아	68
5	홍콩	21	38	아랍 에미리트	68
6	영국	26	39	대만	69
7	아일랜드	28	40	파키스탄	70
8	말레이시아	31	41	오스트리아	70
9	인도	34	42	체코	74
10	중국	37	43	이탈리아	75
11	필리핀	38	44	브라질	76
12	미국	39	45	베네수엘라	76
13	인도네시아	40	46	콜롬비아	80
14	뉴질랜드	41	47	이스라엘	81
15	남아프리카 공화국	41	48	멕시코	82
16	노르웨이	41	49	헝가리	82
17	호주	41	50	한국	85
18	에티오피아	42	51	터키	85
19	케냐	42	52	코스타리카	86
20	탄자니아	43	53	칠레	86
21	잠비아	43	54	스페인	86
22	네덜란드	44	55	프랑스	86
23	가나	54	56	파나마	86
24	나이지리아	54	57	아르헨티나	86
25	시에라리온	54	58	페루	87
26	스위스	58	59	일본	92
27	핀란드	59	60	폴란드	93
28	이란	59	61	엘살바도르	94
29	태국	64	62	벨기에	94
30	독일	65	63	우루과이	100
31	에콰도르	67	64	과테말라	101
32	이집트	68	65	포르투갈	104
33	이라크	68	66	그리스	112

이러한 문화차원이론을 바탕으로 국가 간의 구분을 짓는 것은 상대적으로 수월하다. 하지만 식생활을 기준으로 위와 같은 구분을 짓기는 매우 어려운 작업인데 구체적인 이유를 살펴보면 다음과 같다.

첫째, 국가 간의 이동이 활발한 현대사회와 이동이 소극적이었던 시대를 비교해 보면 더욱 명확해진다. 전근대사회에서는 교통이 원활하지 못하였고 이로 인해 사람 간의 이동이 부자연스러울 수밖에 없었을 것이다. 고작해야 국내에 제한된 이동이나 여행이 대부분이었을 것이다. 그러한 시대에는 문화 비교에 대한 이해도가 훨씬 간결했을 것이고 신토불이(身土不二)에 대한 신념도 강하였을 것이다. 이러한 시대적인 성격으로 식생활을 구분 짓기가 수월했을 것이다. 이러한 가정(假定, assumption)은 현대사회를 살아가는 우리에게는 다소 그 구분하는 기준이 명확하지 않을 수 있다. 왜냐하면, 문화라는 것이 세대 간 또는 사람 간의 학습을 통해 전이되기 때문에 이동이 잦은 시대를 이동이 제한되는 시대와 비교하는 것은 다소 수월할 수 있겠으나 현대사회의 교통수단과 선진화된 정보 기술은 이러한 구분을 불분명하게 만들고 있다.

둘째, 경영적인 측면에서 접근한다면 식생활의 국가별 기준점이 다소 불분명하다. 음식에 사용되는 재료, 음식을 조리하는 방법, 포장 또는 숙성 방법, 먹는 음식 등이 국가마다 다르다. 하지만 다른 국가를 여행한다고 할 때, 쉽지는 않겠으나 유사한 음식을 찾을 수 있고 그러한 음식 소비도 가능하다. 순대를 한국음식으로 한정지을 수 있을까? 불가리아를 여행하면서 블러드 소시지(blood sausage)를 맛보게 되면 '어? 이거 순대인데!'라고 느끼게 될 것이다. 김밥을 순수하게 한국음식으로 이해하는 외국인들이 과연 몇이나 될까? 일본음식과 유사하다는 반응이 있지 않을까 싶다. 숙성시킨 홍어를 굳이 한국음식으로 설명하는 것보다는 스웨덴이나 노르웨이 지역의 삭힌 청어와 유사하다고 하면 더 이해를 잘하지 않을까 싶다. 물론 한국을 대표하는 김치는 전 세계에서도 그 탁월성을 인정받고 있음은 부인할 수 없는 사실이다.

이처럼 음식을 갖고 문화를 분류하는 것은 매우 힘들다. 덧붙여 설명하자면, 이민사회를 들여다보면 이해가 훨씬 쉽다. 미국은 다양한 인종과 문화가 섞여 있어서 멜팅 팟(melting pot: 다양한 재료를 넣고 끓일 수 있는 냄비 정도로 이해하면 됨) 국가라고 일컫는다. 반면에, 한국은 단일민족(單一民族)이라는 높은 자긍심을 가진 채 한국의 오랜 문화를 설명하려고 하였다. 단일국가의 장점은 그 고유색이 있으며 전통을 중시하는 문화가 있어서 자긍심을 일깨우는 동기가 되기도 하였으나 기술과 정보의 발달로 이러한 단일(單一)이라는 설명은 자칫 우리 스스로를 가두게 되는 것은 아닌지 되묻게 된다. 이와 같은 맥락으로 볼 때, 현대사회에서는 국가 간의 벽이 허물어지면서 각 나라별 음식을 구분할 수 있었던 고유의 특성들이 희미해져 가고 있는 동시에 전통적인 조리방식과 재료를 고집하기보다는 다소 혼재(混在, fusion)되는 방식으로 나타나고 있다.

이러한 변화의 흐름을 읽는 경영자들은 전통(傳統)이라는 무기로 고객을 유인하려 하지는 않는다. 흔히 '복고풍이 유행하고 있다.'라는 표현을 듣게 되는데 이는 오히려 역설적인 표현에 가깝다. 전통이 아닌 것들에 관심이 집중되고 있고 이를 역이용한 니치 마케팅(niche marketing: 틈새시장 마케팅) 전략이 형성되고 있다는 의미이다.

심리학에서 언급하는 인간은 호기심으로 충만한 존재라고 하는데, 없는 것이나 새로운 것에 대한, 혹은 이전에는 경험하지 못한 것에 대한 자신만의 색다른 경험을 시도하려는 노력은 이를 잘 뒷받침해 주고 있다. 이러한 틈새시장에 대하여 경영자(entrepreneurs: 창업가들)들은 그 문화에 적용이 가능한 색다른 메뉴나 디자인으로 접근을 시도할 것이다. 한국의 예를 들면 젊은 세대를 겨냥한 양식 스타일 또는 퓨전(fusion: 전통과 새로움을 결합하려는 경향)음식이 성행하며 결과적으로 그 국가의 전통음식문화에 대한 구분이 불명확해지고 있다.

셋째, 음식문화에 대한 분석은 한 가지 특색을 무조건 지키려는 노력만으로는 이해하기 어렵다. 한국의 음식(한식)을 전통적인 측면만 기반으로 하여 홍보한다면 해외시장에서 많은 어려움에 봉착하게 될 것이다. '전통에 기반한다'는 것은 자칫하면 '그 국가에서 생산되는 재료를 바탕으로 조리되어야 함'을 의미할 수 있으며 또한 '전통적인 조리방법에 의거하였을 때에 그 고유한 맛을 경험하게 된다'는 것으로 해석될 수 있기 때문이다.

그러나 전통 조리방법만을 택한다면 아마도 현대사회에서 사용되는 조리도구는 개발되지 않았을 것이다. 물론 편의를 위한 개발이라고 주장할 수는 있겠지만 그 기준점이 주관적이며 명확하지 않다는 반론에 부딪치게 될 것이다. 즉, 한식의 세계화를 추진하는 데 가장 큰 걸림돌은 한식에 대한 정의가 명확하지 않은 데에서 기인한다고 볼 수 있다. 일례로, 한식의 세계화를 위해서 한식에 사용되는 재료들을 국내에서 수출 또는 수입하여서 조리해야만 한다면 수출입에 소요되는 시간과 수요와 공급의 법칙을 예측하지 못할 경우 수많은 손실이 발생할 수 있다. 이러한 단순한 의구심만으로도 국제시장에서 자국의 음식을 무조건 자국에서 생산된 재료를 사용하여 만드는 음식이라고 규정을 짓게 되면 음식의 세계화는 불가능하다는 사실을 알 수 있다.

한식의 세계화와 관련하여 많은 선행연구가 있었다. 그중에서도 이웃 국가인 일본음식이 고급화의 전략을 사용하여 세계화에 성공한 선례를 연구하기도 했다. 일식이 그러한 방식으로 나름대로의 성공을 하였다는 인식으로 인하여 한식도 가격을 고급화에 초점을 맞추어야 한다는 주장이 있다. 이는 옳고 그름을 얘기하기 전에 그 문화가 갖고 있는, 그리고 그 국가의 문화가 세계시장에서 어떻게 보여지고 있는가도 분석하여야 할 것이다. 우선적으로 앞에서 언급하였던 음식의 재료를 자국에서 생산된 것에 제한을 두고 접근하려 했다면, 과연 현재의 많은 사람이 인지하는 일식의 세계화가 가능했을까 하는 의구심을 갖게 된다.

더불어, 음식의 세계화를 위해서 고려해 보아야 할 다른 요인들도 존재한다. 한 예로, 국가의 이미지를 비교했을 때, 2014~2015년 '퓨처브랜드(futurebrand)'에서 선정한 국가의 브랜드 인식 정도를 조사한 결과에서 일본은 1위를, 한국은 20위를 차지하였다. 이는 무엇을 의미하고 있는지 생각할 필요가 있다.

다른 예를 들어 본다면, 한국의 수도 서울 종로에 프랑스 음식점이 오픈된다면 한국의 고객들은 어떠한 인식을 가지게 될까? 게다가, 메뉴의 평균 가격대가 5만 원을 상회한다면 고객들은 자주 찾지는 않더라도 자신들이나 주변의 무엇인가를 기념하기 위하여 방문하게 될 것이다. 그 이유는 고객들에게 비춰지는 프랑스의 음식은 고급스럽고 예쁘게 담겨 나올 것이라는 그 국가의 음식에 대한 인식이 반영되기 때문이다.

반면에 같은 장소에 우간다의 음식점이 오픈된다면 상황은 어떻게 될까? 프랑스 음식과 같은 해석을 내리게 될 것이라는 의견을 갖고 있는 사람은 많지 않을 것이다. 물론 호기심이라는 측면에서 방문을 할 수는 있겠지만 방문 전에 발생한 잠재고객의 인식에는 많은 차이가 있을 것이다.

이러한 상대 국가에 대한 인식을 한식에 투영하여 본다면 한식의 세계화 전략은 그리 쉬운 작업이 되지는 않을 것이다. 한국이 세계시장에서 차지하고 있는 국가 브랜드 이미지가 상승하고 있다고는 하지만, 여전히 세계의 중심세력으로 인정받기에는 많은 어려움이 있다. 한국이라는 국가에 대한 인식이 좋은 국가에서 한식은 고급화 전략이 효과가 있을 수 있겠으나, 그렇지 않은 국가에서 한식이 고급화를 추진한다면 그 결과는 분명 다르게 전개될 것이다. 그래서 전략설정은 상황변화(situational management: 상황관리 또는 환경관리)에 대응할 수 있도록 준비하라고 조언하는 것이다.

또 다른 예로, 삼성전자(Samsung Electronics)는 세계시장에서 자사 제품을 소개하면서 한국 기업이라고 홍보할까? 기아자동차는 한국(Korea)의 기업이라고 소개할까? 삼성은 한국기업이라는 이미지를 부각하려 하지 않는다. 반면에 기아자동차(Kia)는 한국 즉, 코리아(Korea)를 충분히 배경으로 사용한다. "KiA from KoreA"라는 광고를 수년 전 미국시장에서 전개하였던 것이 대표적인 사례가 될 수 있다. 이를 두고 아쉬운 마음을 갖는 사람들도 있을 것이다. 하지만 경쟁이 허용되는 시장에서 선점(pioneer and challenge)하고 유지(maintenance)하기 위한 기업 전략은 한식의 세계화가 배워야 할 전략이기도 하다. 2016년의 '퓨처브랜드'에 따르면 삼성전자는 세계 3위에 위치하고 있는 것에 비해 한국 국가브랜드의 이미지는 여전히 20위에 있다. 이것이 기업이 세계시장에서 문화를 이해하고 생존하는 방법이다.

그렇다면 지역에 따라서 국가 또는 기업 이미지의 순위가 존재할까 하는 의구심이 들 것이다. 즉, 아시아 대륙에서 인지하고 있는 한국의 국가 이미지는 과연 몇 위에 해당할까? 일본은 1위이고 호주, 뉴질랜드 그리고 싱가포르가 각 2위, 3위, 4위 그리고 한국은 5위이다. 이러한 자료를 바탕으로 한식의 세계화를 위한 전략을 구성할 때 대륙별 또는 국가별로 다양하게 접근할 필요성이 있을 것이다.

동양과 서양의 인식차이

동양과 서양을 이해하는 데에는 많은 다양한 요인들이 존재한다. 사고, 교육환경, 자연환경, 태도 등이 유사할 듯하지만 다른 모습을 보이고 있다. 우선 삶에 대한 태도가 다르다(Wang, 2007). 왕(Wang)은 동양과 서양인들의 차이점을 다음과 같이 분류하였다.

첫째, 삶에 대한 기준이다. 동양인들은 삶을 시간과 연계하여 생각하는데, 삶에 대한 태도를 보았을 때 개척하기보다는 차근차근히 준비하는 모습과 주어진 업무에 대한 높은 충성도를 보인다고 하였다. 또한, 가변적인 상황을 좋아하지 않으며 변화를 선호하지도 않는다. 더불어 '나(我, I)'라는 존재는 다른 사람과 연계되어 있는 개체로 받아들이기 때문에 '나'보다는 '우리'라는 공동체적 사고가 많은 편이다.

반면에 서양인들은 삶을 공간적 개념으로 받아들인다. 목표를 세우고 원하는 것을 성취하기 위해서 도전적인 삶을 즐긴다고 하였다. '나'라는 존재를 독립적인 개체로 인식하고 있다. 실용적인 면은 동양적인 사고에서 찾을 수 있지만 삶에 있어서 성취욕은 서양의 삶에서 더욱 강하게 나타나고 있다.

둘째, 성격 또는 특성에 대한 기준이다. 동양인들은 일반적으로 수동적이며 종속적이다. 막중한 책임감을 선호하지 않으며, 상사에 대한 인식은 어려운 존재로 여기며, 행동보다는 사고에 더 많은 시간을 할애한다. 이와 반대로, 서양인들은 사고보다는 행동으로 보이는 경향이 있으며, 확신적이고, 상사는 어려운 존재라기보다는 닮고 싶은 대상으로 간주하는 경향이 있다. 이런 문화적 경향은 세계 조직에서도 동양인이 수장이 되는 것보다는 서양인이 조직의 수장이 되는 경우가 많은 것과도 무관하지 않다.

언어 표현에 있어서도 동양과 서양은 다른 점을 보인다. 가령, A와 B가 있으면, 서양 문화권에서는 'A는 B 앞에 있습니다.'라고 표현하는 반면에 동양 문화권역에서는 'A는 B 앞에 있다고 생각합니다.'라고 표현한다. 이러한 차이점은 마커스(Markus)와 코너(Conner)의 『우리는 왜 충돌하는가?』에서 소개된 연구에서도 찾을 수 있다. 두 연구자는 미국이라는 사회에서도 문화권이 구분된다고 하였다. 로스앤젤레스와 샌프란시스코를 중심으로 하는 캘리포니아주 주변은 개인주의적이고 진보적 성향이 강한 서구적인 문화를 가진 반면 앨라배마 또는 미시시피주가 속해 있는 남부 문화는 보수적인 색채를 띠고 있으며 동양적인 문화와도 유사함을 보인다고 하였다.

서양 문화에서는 음식에 사용되는 각 재료의 특성을 중시하는 반면에 동양 문화에서는 음식에 사용되는 재료들의 혼합을 통해서 조화가 생겨난다고 하였다. 예를 들어, 음식의 재료가 A, B, C가 있으면 이를 요리에 표현하는 방법이 서양과 동양의 차이가 존재한다. 우선 동양적인 접근에서는 'A+B+C가 혼합되어서 건강에 도움이 되는 영양과 맛을 창출한다.'고 표현하는 반면에 서구적인 접근은 'A, B, C는 각각 건강에 도움이 되는 영양과 맛을 가지고 있다.'라고 한다. 이것은 옳고 그름으로 구분을 지을 수 있는 것이 아니라 단지 서로 상이(相異)함을 보여주는 것이다.

〈서양 문화〉

= 에너지(energy)를 만드는 데 도움이 되는 재료이다.

= 질감(texture)이 좋은 재료이다.

= 맛(taste)을 돋구는 역할이다.

〈동양 문화〉

= 질감과 맛이 있어서 에너지를 만든다.

문화차원의 다양성을 비교·분석하는 연구들은 오랫동안 진행되어 왔다. 이러한 관심의 발로가 '차이점이 있지 않을까?'라는 내재적 인지에서 생겼을 것이다. Lee & Ulgado(1997)는 미국과 한국의 패스트푸드점을 이용할 때의 인식의 차이를 비교·분석하였는데, 미국의 소비자들은 '가격'과 '확신'에 더 많은 가치를 두고 있는 반면에 한국의 소비자들은 '신뢰'와 '감정'에 초점을 두는 차이를 보였다. 위의 연구자들은 서양의 음식문화는 사회적 욕구로서의 역할에 관심을 보이는 반면에 아시안 문화에서의 음식문화는 자신이 소속된 집단과의 소속감을 강화하는 경험으로 받아들인다고 하였다.

그렇다면 지리적 환경에 따른 문화의 유사성 또는 차이점은 존재할까?

대륙은 큰 영역이지만 대륙 내의 근거리에 위치한 지리적 요인은 유사성을 갖게 만드는 중요한 요인이 될 수 있다. 일반적으로 동양과 서양을 분류할 때 아시아 지역의 국가들과 북아메리카 그리고 유럽국가들의 그룹을 일컫는데 이에 대한 다른 점은 앞에서 열거하였듯이 개인과 집단에 대하여 확연한 차이를 찾을 수 있을 것이다.

반면에 유사성은 그 지역에 속하여 있을 때에 나타나는 공통적인 성격을 일컫는다. Horng & Tsai(2010)의 연구에 의하면, 개별적인 차이는 존재하겠으나 아시아 국가들(홍콩, 일본, 한국, 싱가포르, 대만, 태국)은 자국의 음식문화를 홍보하는 방법에 있어서 공통점이 있는데, 음식이 갖는 의미에 초점을 두어 스토리를 만들어 내고, 음식의 효능과 음식점 소개에 비중을 둔다는 유사성을 보인다고 하였다.

집단주의적 사회는 일반적으로 아시아 문화에서 종종 나타나는데 음식문화를 예를 들어 보면 음식에 대한 스토리텔링(storytelling)이나 음식을 표현하는 데 초점을 두는 경향이 있다. 가령, A라는 음식은 일반 서민의 음식이 아니라 임금에게 제공되었던 역사를 지니고 있다는 연계성을 찾는다. 이러한 아시아 문화권에서는 권력보다는 명예를 더욱 중시하는 경향을 보인다. 더불어 음식은 선택사항이기보다는 주어진 것에 대하여 만족함을 드러내며 메뉴에 의미를 부여함과 동시에 깊은 맛을 자랑한다.

서양의 음식문화는 앞에서 언급하였듯이 음식에 사용되는 각각의 재료를 늘어놓은 형태인 뷔페(buffet)에서 유래되었다고 하는데 이는 바이킹(Viking)족의 문화가 전해진 것이다. 논쟁의 여지가 있겠으나 '서양권 음식이 다양하다.'라는 인식은 여기에 기반을 둔 것이기도 하다.

part 2

대륙별 음식문화

culture food life nation continent

03 CHAPTER

아프리카의 문화

1. 아프리카의 소개

인구수가 5억 8천 만 명이 넘고, 800개 이상의 다른 언어를 사용하며, 45개 이상의 크고 작은 국가로 이뤄진 이곳은 영토적 접근으로 지구상에서 두 번째로 큰 대륙으로만 설명한다면 많은 오류를 범할 수 있을 것이다.

아프리카는 비록 폭행, 범죄 그리고 가난이라는 이슈들이 혼재하고 있지만 자연의 아름다움과 흥미로운 주제들이 넘쳐나는 장소이며 여행자들에게는 반드시 방문하고 싶은 곳으로 손꼽히는 대륙이다.

많은 아프리카 국가들은 슬픔을 간직한 역사가 있고 현재에도 그 과거가 진행되고 있음을 심심치 않게 접하게 된다. 아프리카는 정신적인 것들에 관심을 많이 보이며 이와 관련된 이야기, 신념, 관습 그리고 전통방식들이 일상생활 또는 이벤트 등과도 밀접하게 연계되어 있다.

수천 년의 역사적인 과거, 부족 간의 다툼, 이주, 폭력 그리고 평화의 시간들은 삶과 경쟁하는 동시에 협력하며 새로운 부족들의 통합으로 나타나기도 하며, 반복적인 갈등을 통해서 부족 간의 유혈 충돌도 발생하는 곳이다. 2015년 기준으로도 부족 간의 다툼으로 시작된 튀니지의 내전은 수년에 걸쳐서 점차 확대되어 가고 있다.

아프리카의 많은 나라는 여러 세대에 걸쳐 유럽의 다양한 나라의 지배를 받았다. 이러한 침략들이 빈번하게 발생한 이유는 아프리카 대륙에 풍부한 천연자원이 매장되어 있을 뿐만 아니라 다양한 기후조건으로 다양한 산업이 발달될 수 있을 것이라는 기대 때문이었을 것이다. 침략국가들은 아프리카 대륙의 천연자원(resources)을 획득하기 위해서 순수한 부족민들을 노예로 이용하였으며 천연자원으로 만들어진 상품을 통해 막대한 부를 축적하는 데에 그치는 것이 아니라 노예를 상품화하여 여러 나라에 매매하기도 하였다. 이러한 행태는 1500년대부터 1700년대까지 성행했으며 서아프리카지역을 통해 북아메리카, 브라질 그리고 서인도[1]로 매매되었다.

그러나 이처럼 침략으로 인한 온갖 핍박 속에서도 아프리카인들은 자신들만의 변하지 않는 문화를 유지해 오고 있다.

2. 아프리카 음식문화의 이해

이러한 공통된 역사적 배경들은 대략 300여 년에 걸쳐서 존재하였고 노예의 삶을 살아가는 동안에 그들이 간직하고 있는 요리솜씨는 매우 놀라웠으며 세대를 이어서 세심하고 꼼꼼하게 후손들에게 전달됨과 동시에 그들의 문화를 대표하는 요리로 탈바꿈하였다. 하지만 그러한 음식문화의 우월성을 정작 본인들은 인지

1) 현재 카리브해 지역의 국가들을 일컫는 말로, 역사적으로 1492년 크리스토퍼 콜럼버스가 산살바도르 섬에 상륙하면서 인도로 오인하여 붙여진 지명으로 아시아의 인도가 아님.

하지 못하는 경우가 다반사이다.

아프리카 음식문화의 기원은 검보(gumbo: 국물이 걸쭉하며 쌀과 토마토를 해물과 함께 넣어 끓여 요리된 해물잡탕밥, 미국 루이지애나주의 대표 음식), 서인도의 칼라루(Callaloo: 야채를 삶거나 갈아서 육수에 넣어 끓인 수프), 핫 소스처럼 매운 브라질의 양념과 같은 특성을 가진 것들로 변화했다. 중남미에서 즐겨 먹는 바미(bammy)와 빵(pan: 한국의 부침개)은 아프리카의 납작하고 둥근 카사바 빵에서 그 근원을 찾기도 한다. 깨(sesame), 오크라(okra), 멜론(melon), 얌(yam)과 같은 몇몇 종류의 야채 씨와 식물들은 물론이고 굽는 방법과 향신료 및 허브들은 아프리카 요리의 독창성에서 기인했다고 한다(Cassandra, 1998).

아프리카의 많은 국가는 그들 고유의 민족음식에 특색을 가지고 있으며 미국 남부의 '소울 푸드(soul food: 미국 남부 흑인들의 전통음식)가 대표적인 아프리카 음식문화를 반영한다고 할 수 있다. 각 나라의 음식문화는 곡물종류, 야채, 돼지고기나 돼지내장 그리고 닭 등에 기반을 두고 발생하였음을 찾을 수 있다.

3. 아프리카의 도시와 시골 문화 차이

아프리카에 대해 얘기할 때, 도시와 시골의 문화를 구분지어 이해할 필요가 있다. 유럽의 전통과 예절의 영향을 많이 받은 도시지역은 혼재되어 있으면서도 현대사회의 문화에 알맞은 독립적인 이미지, 전통유지, 그리고 음식을 다루는 중산층의 성장에서 그 특색을 찾을 수 있다. 물론 서구사회의 영향으로 인해 탈바꿈하는 변화가 일어나고는 있으나 경제적 부흥으로 인해 퇴색되어가는 전통 지키기에 안간힘을 쓰고 있다. 아프리카 대륙에 대한 일반적인 선입견은 도심지역의 문화를 경험하면서 깨질 수 있다. 많은 아프리카 대륙에 소속된 국가들의 수도는 서울이나, 뉴욕에서 경험할 수 있는 것들과 큰 차이가 없다. 마치 다른 문화권에 방문하였다기보다는 다르게 생긴 외모들이 많은 지역에 있다는 생각이 들 만큼 매우 유사하다.

아프리카는 산악지대가 아니며 남쪽을 제외하고는 기후가 덥고 많은 아프리카 사람들은 날씨, 곡물, 이웃 그리고 부족 등의 문화 영향을 많이 받으면서 살고 있다. 특히, 아직까지도 아프리카 대륙의 1/3 이상은 시골환경에 머물러 있으며 옛 전통을 개선하기보다는 있는 그대로 답습하려는 모습들을 흔히 찾을 수 있다.

홉스테데(Geert Hofstede)의 문화차원이론에 근거하면 대부분의 아프리카 국가들은 집단주의적 성격을 드러내고 있다. 경제적 상황이 좋지 않으며 그로 인해 자신의 이익보다는 생존이 우선이 되고 있음을 엿볼 수 있다. 음식을 대하는 태도는 음식문화를 산업으로 인식하기 이전에 삶을 영위하기 위한 필수적인 요소로 인지하고 있다. 예를 들어, 가축은 음식을 보완하는 대체재라기보다는 훨씬 높은 가치를 창출하는 경제적 수입원으로 인지하고 있다. 쥐나 습기에 의한 음식부패 또는 병균 등에 의한 피해는 널리 퍼져 있으며 거래는 수익을 내기 위해서 먼 거리를 이동해야 하지만 교통수단이 충분하지 않은 이유로 현실적인 벽에 부딪히고 있다.

아프리카 시골 지역의 요리법은 전통적인 음식의 요리법과는 다소 거리감이 있다. 음식들은 일반적으로 불 위에서 굽거나 따뜻하게 달군 돌을 쌓아 올린 구덩이 안에서 조리가 이루어진다. 조리도구는 점토로 만든 찜기와 냄비, 저장할 수 있는 항아리 등을 이용하며 곡식을 빻을 때는 한국의 맷돌과 같이 잘 갈고 다듬어진 돌판을 사용한다. 마른 박이나 조롱박은 수저 또는 국자로 사용될 뿐만 아니라 동시에 잘 다듬고 문양을 넣어서 예술작품으로 판매하기도 한다.

음식을 해충이나 설치류 등으로부터 관리하는 것은 매우 큰 문제이다. 고온다습한 기후에서 음식물을 보관하기 위해 진열장을 높은 곳에 설치하거나, 줄을 이용해 매다는 방법을 고안하였고 점토 용기로 덮어 놓음으로써 습기가 생기지 않는 건조한 저장을 할 수 있다.

시골 지역에서 흔히 접하게 되는 한쪽 면이 볼록하게 만들어진 석조품(石彫品, 한국의 솥뚜껑 모양)은 조리도구를 보관하는 선반으로 이용되기도 하며 몇몇 지역에서는 구덩이나 불을 이용해 열을 필요로 하는 음식을 만들 때에 사용된다. 오븐 대용으로 빵을 굽는 데도 사용된다.

일반적으로 시골 지역은 저장 기술이 좋지 않기 때문에 음식은 그날 먹을 양만큼만 만든다. 아프리카의 음식에 대한 정보가 부족한 것은 전통문화와도 연계되어 있다. 그들은 기록하는 것보다 말(口傳)을 이용하여 다음세대로 전하는 방식을 선호하였다. 또는 그러한 전통문화를 춤이나 노래로 전달하기도 하였다. 식기구들은 도시지역을 제외하고는 거의 사용되지 않았으나 시골 지역 또한 편의성을 바탕으로 소박한 형태의 주방기구들이 사용되고 있다. 음식을 먹을 때에는 가족들이 함께 나누어 먹는 문화가 있으며 아프리카의 많은 국가가 공통적으로 즐겨 먹는 푸푸(fufu)와 우갈리(ugali)[2]는 손으로 집고 뜯어서 섭취한다.

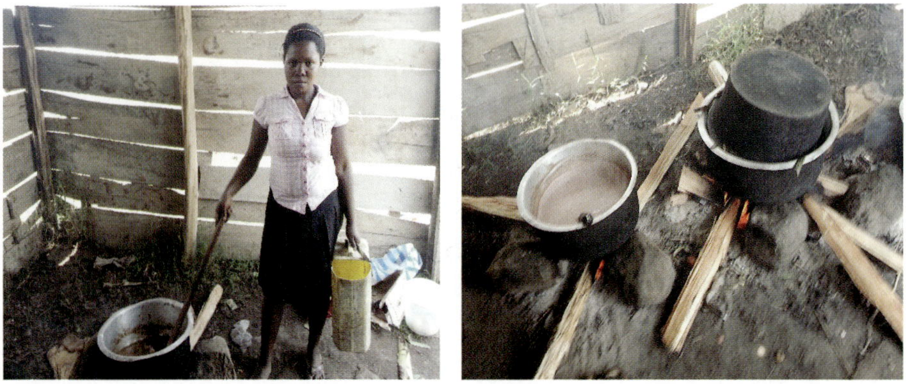

아프리카 시골 지역에서 음식을 할 때 사용하는 도구

현대사회에 들어오면서 과학적인 농업기술을 연구하고 이를 아프리카에 보급하기 위해 노력하는 사람들에게 기반시설 부족은 큰 애로사항이 되고 있다. 예를 들어, 척박한 토양, 저장공간 및 시설의 부족, 전문가의 부족 혹은 기계장비 및

2) 푸푸(fufu), 우갈리(ugali)는 한국의 수제비 반죽과 같은 형태로 아프리카 지역별로 다르게 호칭하지만 같은 음식으로 이해하면 된다.

부품의 부족 그리고 주어진 농토에 비례하는 농업인구의 증가로 인해 이와 관련한 문제점들이 쌓여가고 더 복잡한 사회적 문제들을 야기하기도 한다.

많은 사람의 노력에도 불구하고 이러한 현실은 현재진행형이다. 많은 아프리카 국가들은 경제혼란, 부족 간의 경쟁, 기아, 가난 그리고 불충분한 교육 등 다양한 문제점을 안고 있으며 이러한 모습들은 과거의 모습을 기준으로 보았을 때 가까운 미래까지 지속될 것으로 보인다.

4. 아프리카의 식사와 관습

도시에 사는 대부분의 아프리카인들은 전통적으로 하루 한 끼를 메인 식사로 했는데 이것은 주로 저녁 식사가 되었다. 가벼운 식사의 개념은 커피, 차, 우유 등을 그나마 손쉽게 구할 수 있었던 때부터 시작되었고, 과일, 견과류 등의 간식을 위의 음료들과 함께 섭취하였다. 경제적으로 어려운 몇몇 지역에서는 주로 점심에 먹는 푸푸(fufu)나 우갈리(ugali) 혹은 반찬의 개념들이 저녁 식사보다 더 풍성하게 받아들여지기도 하였다.

아프리카의 많은 국가들은 인적 자원에 대한 집착 등으로 인해서 더 많은 노동력이 필요하다고 인식하였고 임산부는 건강이 충분히 고려되지 않는 상태에서 아이들을 낳는 이중고를 겪기도 한다. 신생아들에게는 대부분 2세까지 모유수유를 하는데, 모유가 아닌 우유를 먹이려는 시도는 종종 있어 왔다. 하지만 우유를 저장할 수 있는 위생에 대한 해결방안이 충분하지 않았고 이로 인해 질병과 같은 원하지 않는 부정적인 결과를 초래하기도 하였다. 이에 대한 방안으로 유아기에 엄마들은 보타(bota: 귀리로 만든 얇은 반죽)라는 음식을 지역에서 채취할 수 있는 허브나 건강에 도움이 되는 약효 등과 버무려서 만들기도 하며 엄마가 우선적으로 한두 번 씹고 난 후 아기에게 먹여 준다.

많은 국가와 마찬가지로 고기는 맛있는 식사메뉴가 된다는 것을 알고 있지만 어린아이들에게는 원하는 것을 다 가질 수 없음을 가르친다. 그래서 서너 살이 되기 전까지는 어린아이들에게 고기를 주지 않는 풍습이 여러 곳에 남아 있기도 하다(Dahl, 1988).

많은 아프리카 국가에서 식사는 자유롭게 행해지기보다는 다소 엄격히 정해진 의식에 따라서 이루어지며 음식을 먹기 전에 손을 씻어야 하고 박수를 치면서 감사하는 마음을 배우기도 한다. 아이들은 어른들이 식사할 때에 조용하게 응대하여야 하며 음식을 구걸해서도 안 된다는 것을 어린 나이부터 배우게 된다. 뿐만 아니라 위의 규칙을 위반하였을 시 체벌이 가해지기도 한다(Flynn, 2005; Makgae et al., 2007).

남자가 먼저 식사를 하는데 혼자 식사하는 것은 허용하지 않는다. 저녁 식사는 항상 함께 모여서 이루어져야 하며 이 식사시간은 평화롭고 고요함을 즐기는 시간이 된다. 앞에서 언급하였던 것과 같이 많은 아프리카 국가들은 경제적으로 풍요롭지 못하기 때문에 국제적인 원조를 받기도 하는데 음식으로 제공받는 경우에는 부족의 수장이 우선적으로 맛을 보게 되며 그 음식을 받을 것인지 거부할 것인지도 웃어른이 결정하고 나머지 주민들은 이에 적극적으로 따른다.

아프리카는 비록 경제적으로 풍요롭지는 않더라도 남에게 보여 주는 접대의식을 매우 중요시한다. 접대는 하나의 의식으로 생각하기도 하며 접대를 받게 될 때에는 비록 배가 고프지 않더라도 거절하는 것을 무례하게 여긴다. 토테미즘은 많은 부족들의 종교로 받아들여지고 있으며 이를 바탕으로 음식에 무엇을 넣거나 넣지 말아야 하는지도 결정된다. 비록 음식이 다소 불편해 보이거나 낯선 음식이 있더라도 지역의 토테미즘 문화를 바탕으로 만들기 때문에 이해해야 할 때가 종종 있다.

농사 짓는 것은 남자들의 몫으로 받아들이고 있으며 여자들은 음식을 만들기에 필요한 것들을 준비한다.

윗부분에 언급된 방식들은 아프리카의 많은 국가에서 전통으로 여기고 있으나 최근 경제적 발전이 이루어지면서 중산층의 성장으로 이어져 그들에게 부족했던 교육방식, 음식 조리방식, 농사기법들에도 많은 변화가 일고 있다. 이러한 변화는 많은 국제기구들이 현지 주민들과의 연대를 통해서 선진문물을 받아들이려는 노력이 있기 때문이다.

아프리카의 기념일

대부분의 아프리카인들은 목회 사회를 이루고 있고, 많은 사람들이 기독교나 이슬람교를 고수하면서도 정도의 차이는 있지만 여전히 토테미즘(totemism)과 애니미즘(animism)적인 요소들을 가지고 있다. 또 수많은 특별한 일들은 가정 생활의 의식과 마찬가지로 계절이나, 작물을 심거나 재배하는 것을 중심으로 돌아간다. 농사가 주요 산업을 이루고 있지만 땅에 대한 그들의 인식은 종교 이상의 의미를 가지고 있다(Frazer, 2011). 땅은 그들의 문화나 전통의 뿌리일 뿐만 아니라 사회적인 관계에 대한 모든 영역을 포함한다. 이러한 사실 자체는 문화적이고 종교적인 많은 의식들이 일에 대한 품위와 조상에 대한 존경과 깊게 연대되어 있음을 설명해 준다. 또한 땅에 대한 깊은 존경은 서양인들이 아프리카 지역을 지배하면서 지식이나 진보된 기구들을 전달해 주지 않은 데에 따르는 저항정신으로 받아들이기도 한다.

아프리카 전통문화의 기록이 많지 않기 때문에 다른 책자나 연구서적에서 그 근원을 찾는 경우가 많은데, 미국에서 열리는 축제인 콴자(Kwanzaa)에서도 그 전통문화를 엿볼 수 있다. 흑인 인권운동가인 마울라나 카렝가(Maulana Karenga)가 창시한 이날은 미국의 크리스마스 다음 날부터 일주일간 진행되는데 '콴자'란 아프리카 토속언어(스와힐리어: Kiswahili)로 첫 곡식을 의미한다. 이 축제는 아프리카 출신들이 옛 전통을 되새기는 문화로 300~400만 명이 즐기는 행사이기도 하다. 행사에는 7개의 촛불을 사용하는데 왼쪽에는 빨간색 3개, 오른쪽에는 초록색 3개 그리고 가운데는 검정색 1개로 정렬하는 것을 강조한다. 불을 붙일 때는 먼저 검정색 초에 붙이고 각각 색깔의 양초 끝에서부터 불을 붙인다. 7개의 초들은 각각 의미를 가지고 있는데 통합(unity), 자기결정권(self-determination), 공동생산 및 책임(collective work and responsibility), 협동(cooperative economics), 목적(purpose: 전통을 유지하려는 목적), 창조(creativity), 신뢰 · 믿음(faith)을 나타낸다(Karenga, 1988).

아프리카 시골 장(한국의 오일장과 유사 – 일주일에 2회 개장)

아프리카 시골 지역의 음식 장만하는 모습과 음식(카사바, 삶은 야채, 지역농산물 – 고기가 없음)

East Africa 동아프리카

우간다, 케냐, 탄자니아는 동아프리카의 대표적인 국가들로 잘 알려져 있으며 분류에 따라서 에티오피아, 소말리아, 잠비아 등 20여 개의 국가가 속하기도 한다. 영국의 지배를 강하게 받았던 이 지역은 영어를 공용어로 사용하고 있으며 현재에도 영국의 문화를 느낄 수 있다. 유럽의 다양한 나라들이 점령하는 동안 식생활 습관이 전파되었고 특히 우갈리(ugali) 등 옥수수를 기반으로 하는 음식문화가 크게 발달하였다. 많은 선행 연구를 통해서 알 수 있는 것은 포르투갈 탐험가인 바스쿠 다 가마(Vasco da Gama)가 유럽의 많은 지역과의 무역을 성장시키기 위해 아프리카는 중요한 지리적 이점을 지니고 있다고 인지하였고 주변 국가들 중 하나인 탄자니아는 독일의 선교사를 통해서 맥주 제조방식이 전해졌으며 영국의 다양한 요리방식들도 전파되었다. 요리방식을 전파함과 동시에 영토에 대한 욕심도 드러냈으며 곡물과 차, 커피, 과일, 야채를 포함하여 가축도 이 지역으로 들여왔다. 뿐만 아니라 음식과 예절 문화를 전파하기 위해 인도인들을 고용하였다.

동아프리카 사람들은 옥수수 가루로 우갈리를 만들어 그들의 주식이 될 만큼 자주 먹는다. 현재 케냐나 우간다 지역에서는 소를 방목하여 기르고 있으며 특히 많은 차 종류를 생산하고 있다. 치즈(까망베르, 체다 등)를 그들의 음식에 적용하여 만드는 방식은 동아프리카인들의 전통방식이 아니라 유럽의 음식문화를 받아들여 생겨난 것이라 할 수 있다. 화훼 산업도 큰 증가세를 보이고 있는데 이는 아직도 유럽의 영향을 크게 받고 있음을 반영한 것이며 유럽의 정원에서 목격할 수 있는 많은 종류의 꽃들은 케냐에서 생산되고 있다.

사냥이 가능함에도 불구하고 많은 아프리카 사람들은 유제품이나 곡물, 콩 종류, 채소류, 과일 등을 주로 섭취하는 채식주의적 음식문화를 보이고 있다. 고기를 섭취하는 것은 주요 행사가 있거나 임산부가 몸을 추스리기 위해서 소량을 구입하여 섭취한다. 고기를 많이 소비하지 않는 이유는 가축은 고기를 얻기 위한 용도가 아니라 경제적 이득을 위해서 기르고 있으며 고기의 부속물(털, 가죽, 뿔 등)들이 부수적 수입을 가져다주기 때문에 실질적 고기의 섭취가 많지 않다. 고기를 얻기 위해서는 지역 시장(한국의 오일장 개념)에 가면 얻을 수 있지만 상태가 다소 비위생적이다(아래 그림 참조).

우간다 지역 시장의 정육점 사진

쌀은 일반적으로 아시아권역에서 소비가 이루어진다고 알려져 있지만 아프리카의 많은 지역에서 섭취되고 있다. 종류가 동일하지는 않지만 수수, 옥수수, 보리 등과 함께 시리얼, 만두 그리고 빵을 만드는 데 널리 이용되고 있다.

품베(pombe)는 동아프리카 지역의 잡곡으로 만든 술로서 어른들뿐만 아니라 아이들을 포함해서 모두가 좋아하는 양조 맥주라고 할 수 있다. 알코올 도수가 2~5도 정도로 높지 않아서 아이들이 마시기도 한다. 간간이 집에서 직접 만들어 마시는 경우가 있으나 위생 문제 또는 적절하지 못한 양조과정으로 인해서 인명사고로 이어지기도 한다(중앙일보, 2015. 1. 11.).

카사바 종류의 고구마, 바나나, 플렌테인과 함께 다양한 지역 과일들이 식사에 사용되며 아보카도는 흔하게 찾아볼 수 있을 만큼 지역의 애용 식재료가 된다. 강을 따라서 낚시를 생계수단으로 여기고 물고기와 갑각류 등 채취한 물품을 시장에 내다 팔거나 물물교환하기도 한다. 특히 기후조건이 과일이나 사탕수수가 자라기에 안성맞춤이며 길거리에서도 종종 다양한 과일들을 볼 수 있다. 카레, 고추, 코코넛, 땅콩 등은 음식을 만드는 데 향신료로 사용되기도 한다.

남아프리카 South Africa

남아프리카는 아프리카 대륙의 제일 끝자락에 위치한 나라들로서 보츠와나, 말라위, 나미비아, 남아프리카 공화국, 짐바브웨 등의 약 10여 개 나라들이 있다. 아열대에서부터 초원, 사막이 존재하고 있는 지역으로 해안과 산으로도 퍼져 있다. 아프리카의 서쪽은 유럽인들의 침략으로 인해 신세계의 영향을 많이 받았고 동아프리카는 영국, 인도 그리고 일부의 이슬람 국가들의 영향으로 식생활 문화에서도 공통점들이 나타난다.

남아프리카는 네덜란드인들의 식민지배에 있었다. 지금의 남아프리카 공화국에 정착한 네덜란드인들은 자신들의 탐험과 식민 도전을 지속하기 위해서 식량 공급의 목적으로 남아프리카 지역을 식민지로 만들었으며 백여 년이 흐른 뒤에는 영국의 식민지배를 받았다. 현재에도 남아프리카 공화국에서 아프리카의 다른 국가들과는 다소 이질적인 문화를 쉽게 찾아볼 수 있는 이유가 여기에 있다. 가장 복합적이면서 문명화되어 있고 음식문화 또한 매우 정교하게 발전되어 있는 아프리카 국가이다.

남아프리카 지역은 유럽의 이민자들, 인도로부터 건너온 무슬림 노예들과 함께 혼재된 음식문화를 형성하고 있으며 다양한 종교가 있다.

특히, 남아프리카 지역의 와인은 전 세계적으로 인정받고 있으며, 와인을 증류시킨 브랜디와, 다양한 물고기, 갑각류, 가금류 등도 품질 평가에서 높게 취급되고 있다. 유럽 문화에 기반을 두고 있기 때문에 일요일이나 특별한 행사가 있는 날에는 포도를 곁들인 닭이나 돼지로 만든 음식을 맛볼 수 있다. 적절한 기후 덕택에 풍부하고 다양한 채소들을 생산하고 있으며 식사 테이블에는 매우 다양한 야채들이 샐러드나 메인 요리와 함께 차려지곤 한다.

열대과일과 특산물들은 신선한 상태로 먹을 수 있으며 남는 재료는 나중을 위해서 잼으로 만들어 보관하기도 한다. 말린 과일은 디저트나 빵을 만드는 데 사용되기도 하며 충분한 일조량의 영향으로 단맛이 많이 난다.

디저트가 매우 다양하며, 쿠키, 파이, 도넛, 타르트 등을 간식으로 먹거나 아침에 따뜻한 코코아, 차, 커피 등과 함께 즐겨 먹는다. 특히 빵을 식사시간에 자주 먹게 되는데 이러한 문화는 네덜란드 외에도 유럽의 음식문화의 영향을 받은 것으로 보고 있다.

채식문화의 대표적인 사례로는 옥수수를 이용해서 만드는 갖가지 음식일 것이다. 아프리카 남부의 부족 중 하나인 반투(Bantu)족은 여성이 농사일을 하고 남성들은 주로 사냥을 한다. 하지만 사냥을 하여 얻은 고기라도 모두 섭취할 수 있는 것이 아니라 지역의 금기시되는 여러 요인들이 허락되었을 때에 비로소 가능하다. 고기를 섭취하는 데에는 다양한 규제가 존재하기 때문에 수수나 옥수수를 이용해서 만드는 푸딩, 튀김요리 등으로 영양분을 섭취하기도 한다.

아프리카의 남부지역에서 맛볼 수 있는 고기는 브라이(braai)라고 하는 음식이며 양, 소 또는 돼지고기를 큼지막하게 잘라서 꼬챙이에 꽂아서 바비큐 방식으로 숯불에서 구워 먹는다. 일부 지역은 내장을 한국의 순대와 같이 만들어서 구워 먹기도 하며 제철과일들도 같이 먹는다. 다만, 브라이를 구울 때는 여성은 부엌에서 샐러드, 디저트 등을 준비하고 남성이 불 근처에 둘러 앉아서 고기를 굽고 야외에서 식사가 이루어진다. 그 남성이 고기를 잘 굽게 되면 그 다음의 대부분 행사에서는 다른 사람이 굽지 않고 같은 남성이 쉐프(chef)의 권한을 갖게 된다(Durrheim et al., 2011).

남아프리카 고등학교의 급식 부엌

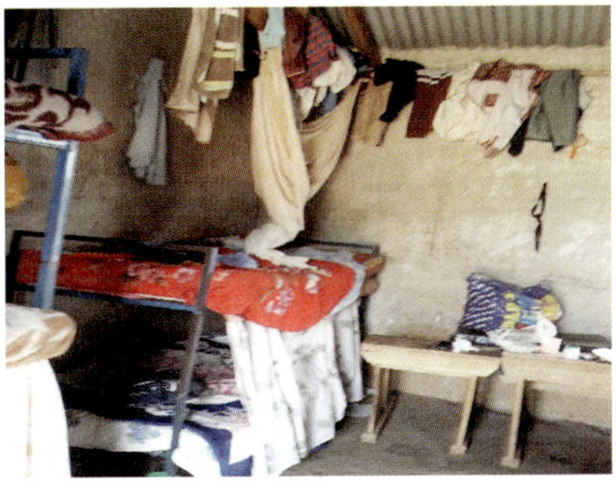

고등학교의 기숙사 모습

서아프리카 West Africa

서아프리카는 오랜 시간 동안 유럽인들과 왕래가 있었으며 아프리카 대륙에서 가장 많은 인구를 자랑한다. 세네갈, 토고, 가나, 카메룬, 나이지리아 등이 이 지역을 대표하는 국가들이다. 서아프리카의 음식은 노예 신분으로 남미로 팔려갔던 아프리카인들을 통해 추후에 미국으로 전해졌다. 구전으로 전해오는 요리방식이 미국생활에 정착하면서 다소 체계화되고 문서화되고 있음을 알 수 있다.

특히, 미국의 남부지역에서 소비되는 캐서롤(casserole)[3]은 아프리카의 대표적인 음식이다.

아프리카 사람들은 다양한 식물들에 대해 관심이 많으며 오랫동안 소의 사료로 사용되었던 다소 거친 식물들도 재가공을 통해 음식으로 탈바꿈시켰다. 특히 미국 남부 루이지애나주의 대표 음식인 검보(gumbo)는 오크라(okra)를 사용하여 걸쭉하게 만든 수프인데, 오크라는 겉이 다소 거칠며 속은 찐득찐득한 질감을 가진 채소이다. 최근들어 오크라는 일반적으로 튀김으로 소비되고 있다.

라틴아메리카의 음식문화는 아프리카의 음식문화와 유사하다. 구운 고기, 생선, 다양한 야채 및 콩을 이용하여 만드는 음식들은 노예로 끌려온 아프리카인에 의해서 전해져 오는 요리들이다. 예를 들어 브라질이나 카리브해(Caribbean) 지역의 음식인 아카라(akara)와 졸로프(jollof) 등이 유사성을 갖고 있다. 일반적으로 아프리카 음식문화는 청결하지 않은 것으로 여기지만 식사 전에 손을 씻는 행위는 지금의 음식 선진국에 충분한 영향을 미친 것으로 회자되고 있다.

서아프리카 인구의 3/4은 시골 지역에서 생활하며 주 식재료는 우유, 커드(우유를 응고시킨 음식, 식초 성분이 추가되면 치즈가 됨), 유청(응고된 것을 제외한

3) 가금류와 곡류가루[팥, 땅콩, 쿠스쿠스(couscous), 플랜테인(plantain: 바나나와 비슷한 열매)을 으깬 가루]를 버무려서 오븐에 굽는 음식. 한국의 범벅 위에 견과류를 위에 얹은 음식과 유사함.

나머지 액체를 말한다), 야채, 말린 콩, 옥수수, 호박 등이 있다. 카사바(cassava)도 쉽게 구할 수 있는 재료로 가루를 만들어서 빵을 만들거나 수프를 만들 때 사용하기도 한다. 땅콩은 수프나 스튜 또는 다양한 소스를 만들 때 사용되는데 고소한 향이 더해진 음식은 이 지역주민들이 즐겨 찾는다. 땅콩과 더불어서 가지, 오크라, 마늘, 양파 그리고 토마토도 이 지역 사람들이 애용한다.

대부분의 음식 조리방법은 간단하다. 예를 들어 졸로프 쌀 조리법은 쌀, 토마토, 토마토 장(tomato paste), 양파, 소금, 고춧가루, 후춧가루를 기본 재료로 하여 한국에서 스토브(가스레인지)에 밥을 할 때와 유사하게 요리하면 된다. 전통적인 요리방식으로는 삶거나 튀기는 간단한 방법이 사용되었다. 이는 고기를 섭취하는 경우가 적었던 반면에 주로 야채를 사용하는 요리가 대부분이었기 때문인 것으로 파악된다. 최근에는 다른 국가들과의 교류로 인해서 조리방법의 차이가 점점 줄어들고 있다. 고기 소비량이 늘고 있으며, 고기를 저장하거나 숙성시키는 기술도 보급되면서 지역 특산물(향신료)을 음식에 추가하여 육수를 만드는 요리들도 볼 수 있다. 하지만 아직까지는 많은 음식 선진국의 요리방법에는 다소 미치지 못하고 있는 것이 사실이다.

음료로는 야자수를 이용하여 만든 시큼하면서 단맛을 내는 마실 것들이 있으며 숙성하여 알코올의 맛을 추출하거나 덜 숙성하여 과즙의 단맛을 이용한 음료들이 애용된다.

가정식 쿠스쿠스 요리

이집트 Egypt

1. 이집트인들의 삶과 특별한 날

이집트의 다양한 환경 요인

이집트는 수천 년의 문화와 세계문화유산을 기반으로 전통을 자랑하는 국가이다. 인접한 국가들과의 교류로 다양하면서도 복합된 문화라고 볼 수 있다. 지중해, 서유럽 국가들 그리고 중동 국가들과의 정치 외교 및 문화에 이르기까지 많은 교류가 있었으며 아랍어를 사용하는 이슬람국가이다.

풍부한 역사적 문화로 인해서 국가 경제 수입의 10%를 관광업이 차지하고 있으며 대표적으로 피라미드를 찾는 방문객의 수는 하루에 3~4만 명에서 일년에 약 1,500만 명이 찾는 대표적인 관광국이다.

이슬람문화 국가들과 유사한 점들을 쉽게 접하게 되는데 성별에 따른 지위, 계급주의적인 폐쇄사회라는 특징이 있다. 고대의 기술력은 교육, 경제 그리고 농업에 이르기까지 그 다양성을 인정받았으나 계급주의적인 면에 있어서는 현대사회에서 변화를 모색하기보다는 이를 유지하려는 경향이 있어 계층 간의 편차가 심하다고 할 수 있다. 경제적으로 여유로운 여성들일지라도 외식을 하기 위해 남편과 인근의 카페나 레스토랑을 찾는 것은 흔한 광경은 아니다. 일부다처제가 허용되는 국가이기는 하지만 현대사회에서 보편적이지는 않다.

이집트인들의 기념일

라마단(Ramadan)은 이슬람교를 믿는 무슬림들에게 가장 중요하게 인식되고 있는 날로서 이슬람에서 사용하는 9번째 달에 해당되며 일반적으로 접하는 양력의 개념으로 생각하여 방문하면 어려움을 겪게 된다. 라마단 기간에는 해가 뜨고 지는 시간에는 먹지도 마시지도 않았는데, 이는 음식이 없어서 못 먹는 것이 아니라 종교의식에 기반한 국가 행사이다. 라마단이 행해지는 시간에 위배되는 행위가 발견되면 한국 조선시대의 태형(곤장)과 같은 형벌이 주어진다. 일몰 후에는 가족이 둘러앉아 음식을 같이 나눠 먹는 문화이며 라마단이 끝나는 3일에 걸쳐서 큰 기념 축하인 이드 알피트르(Eid al-Fitr) 행사를 한다. 이 기간에는 양을 도축하여 꼬챙이에 꽂아서 바비큐를 하는데 이는 삶과 죽음 그리고 결혼에 대한 희생의 의미를 담고 있기도 하다. 이 기간에 주로 먹는 음식들은 달고 시큼한 맛을 내는 소스를 오크라(okra)에 입혀서 먹는 바미아(bamia)가 있으며, 아이리아(irea)는 계피를 이용해서 만든 한국의 수정과와 비슷하다. 말린 자두, 앵두, 무화과, 건포도를 섞어 버무린 코샤프(khoshaf)를 먹기도 하고, 상추 샐러드를 오렌지 주스에 버무려서 소금으로 간하여 먹는다.

2. 식사 문화

이집트인들의 식사문화는 지역마다 편차가 존재하지만 공통점은 왼손은 지저분하다고 간주하여 오른손을 사용하여 식사하고 발을 보이는 행위는 한국의 다리를 떠는 것과 유사한 행위로 인식되므로 항상 발을 식탁 밑에 두어야 하며 알코올과 돼지고기는 허용되지 않는다.

다른 문화에서도 유사하겠지만 초대받았을 때에는 작은 선물을 가지고 가는 것이 예의이며 식사 전에 무알코올 음료가 제공된다. 메즈(mezze)라는 샐러드나 찍어 먹는 소스가 먼저 나오고 식사시간은 9시에서 10시경으로 다소 늦은 경향이 있다. 빵이 식사와 같이 제공되며 식사가 끝난 후에는 터키식 커피나 차를 마시면서 음식에 대한 칭찬을 곁들여 주는 것이 예의이다.

메뉴는 간소한 편이며 야채, 렌틸콩(lentils), 콩 요리가 주를 이루지만 손님이 오거나 특별한 기념일에는 고기를 제공한다. 터키식 커피를 마시기도 하지만 차(tea)를 선호한다. 이집트의 길거리 음식은 값싸고 메뉴가 다양하다. 점심에는 콩 요리(ful, 풀)와 쿠샤리(koushari)를 종종 먹는데 특히 쿠샤리는 마카로니(macaroni)와 쌀, 렌틸콩(lentil), 병아리콩(chickpeas)을 이용하여 만든 음식으로 이집트 사람들이 가장 즐겨 먹는 음식이라고 할 수 있으며, 빵(aish, 아에시: '생명'이라는 의미를 가지고 있다)과 함께 소스에 찍어서 먹는 메뉴이다. 특히 중동 문화와 유사한 점은 민트(박하)향이 들어간 스위트 차(sweet mint tea)를 즐겨 마시며 값이 저렴한 음식으로 관광객들도 선호한다.

소스를 얹기 전

소스를 얹은 후

이집트의 가정식 쿠샤리

3. 이집트와 한국의 문화 차이 비교

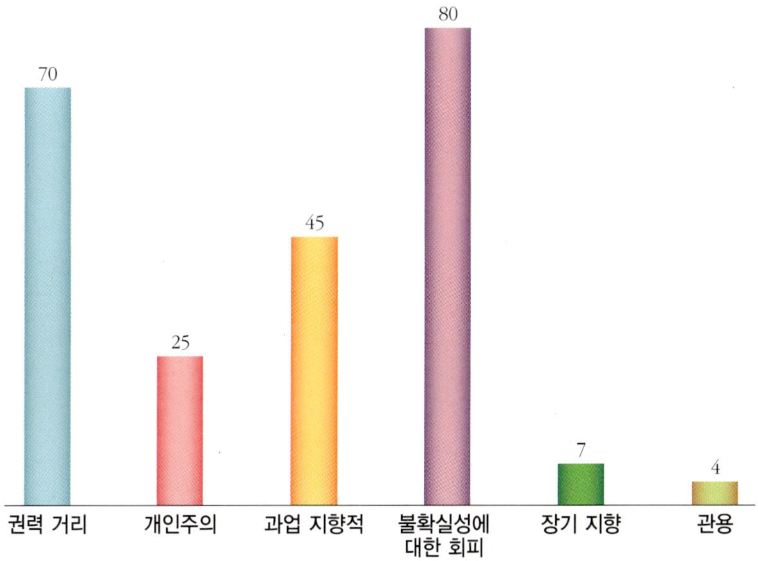

이집트와 한국의 문화를 비교하기 위하여 홉스테데의 문화차원이론 수치를 적용하였다. 앞에서 언급하였듯이, 총 6개 영역으로 분류하고 있지만 장기 지향과 관용에 대해서는 다소 논쟁이 있는 만큼 앞의 네 가지 분야를 대표적으로 사용하고 있다.

권력 거리 지수(power distance index)

이집트와 한국의 권력 거리 지수는 다소 차이가 있다. 한국인이 인지하고 있는 국내의 권력 분배에 대한 정도의 차이를 이집트의 수치와 비교하면 이해하는 데 도움이 된다.

개인주의 vs. 집단주의(individualism vs. collectivism)

이집트는 한국과 유사한 집단주의적 또는 공동체적 사고를 보이는 사회임을 확인할 수 있으며 정도의 차이에 있어서 한국의 공동체적 문화가 다소 강하다.

과업 지향적 vs. 대인관계 지향적(masculinity vs. femininity)

한국이 대인관계에 대한 인지가 강하게 나타나고 있으며 이와 유사한 수치를 이집트인들에게서 찾을 수 있는데, 이집트인들도 한국과 유사하게 사람 간 또는 지역사회 간의 관계에 초점을 두고 있다고 볼 수 있다.

불확실성에 대한 회피 지수(uncertainty avoidance index)

불확실한 환경에 대하여 불편함을 보이는 것은 한국의 문화와도 유사하며 가변적(可變的)인 일들을 멀리하고 싶어 한다. 즉, 정해져 있는 방정식적인 생활을 선호한다고 볼 수 있다.

앞의 수치를 바탕으로 한국의 문화성격과 비교하면 많은 유사성이 있음을 알 수 있다.

레시피

이집트의 쿠샤리(koushari)

재료

렌틸콩 - 1컵
소금 - 1작은술
엘보우 마카로니 면 - 1컵
안남미 쌀 - 1컵
병아리콩 - 1캔(450g)
올리브 오일 - 2큰술

〈소스 재료〉

토마토(간 것, tomato puree) - 1컵
올리브 오일 - ¼컵
양파(중간 크기) - 2개
마늘 - 1개

조리방법

1. 냄비에 물 3컵과 소금 1작은술을 넣은 후 렌틸콩을 넣어 센 불에서 팔팔 끓인 후 약불에서 1시간 가량 천천히 끓인다.
2. 렌틸콩 몇 알을 꺼내어 쉽게 으스러지면 다른 그릇에 담아 둔다.
3. 약 3컵의 물을 넣고 끓어오르면 마카로니 면을 넣고 15분 정도 삶는다. 알덴테(al dente: 탱글탱글한 정도)로 끓이고 싶으면 끓는 물에 오일(식용유도 가능)을 약 1큰술 넣어 주면 좋다.
   * 3을 렌틸콩과 섞어 두면 좋다.
4. 오일 2큰술을 팬에 넣어서 중간(또는 약한) 불로 연기가 나지 않을 만큼 달군 후 쌀을 넣어서 쌀에 오일이 골고루 묻도록 약 2~3분 젓는다. 물 2컵을 넣고 물이 끓을 때까지 기다리다가 약한 불에 15분 정도 더 끓인다.
5. 밥이 다 되면 실온에 두고 식힌다.
6. 병아리콩을 차가운 물에 1~2회 씻어 내고 렌틸콩, 마카로니 면, 쌀과 섞는다.

소스 만들고 마무리까지

1. 양파를 먹기 좋은 크기로 썬다.
2. 팬에 오일 ¼컵을 붓고, 양파를 넣어서 노릇노릇할 때까지 볶아 준다.
3. 마늘을 추가하여 약 1~2분간 볶고 간 토마토(tomato puree)를 부어 보글보글 끓으면 위의 렌틸콩 등과 함께 버무린다.
4. 식으면 약한 불에 약 5분 정도 데운다.
5. 피타 빵과 함께 먹으면 된다.

culture food life nation continent

04 CHAPTER

오세아니아 국가의 문화

호주 Australia

1. 호주의 다양한 환경 요인

호주를 하나의 대륙이라고 칭할 만큼 세상에서 가장 큰 섬이면서 가장 작은 대륙에 속한 큰 나라로, 1,800만여 명의 사람들이 거주한다. 호주는 지구상에서 가장 평범하지 않은 동식물들이 있으며 그러한 독특성으로 많은 여행객을 맞이하고 있는 관광지이기도 하다. 특히 캥거루, 코알라, 딩고 등은 다른 대륙에서 찾아볼 수 없는 대표적 동물들이다.

호주는 두 개의 주로 분류하는데 북쪽은 퀸즐랜드로 열대성 기후를 보이고 있으며 남쪽은 빅토리아로 온화한 날씨를 보인다. 호주의 중앙 곳곳에서는 사막이 형성되어 있고 광활한 고원지대와 아웃백(outback: 호주의 미개척지를 일컬음)과 같이 침식이 이루어진 산과 건조한 기후는 수백만 년에 걸쳐 내려온 자연 그대로의 모습을 담고 있다. 인구의 1/2 이상은 도시에 살고 있으며 지역적으로 남동쪽 또는 남서쪽의 해안가에 터전을 일구고 있다(오스트레일리아 정부 홈페이지).

호주의 원주민들은 4천만 년 전부터 동남아시아에서 이주하여 정착하였다고 알려져 있으며 고립된 삶을 살았지만 자기들만의 독특한 문화를 발전시켰다고 전해진다. 1600년대 초반에 유럽의 탐험시대가 열렸고 이들의 대륙발견으로 원주민의 인구가 질병에 노출되고, 땅의 손실, 비옥한 토지가 줄어드는 등의 문제를 야기시켰고 원주민과의 갈등으로 많은 크고 작은 싸움이 빈번하게 되었다. 현재에도 원주민들은 체격이 작으며 여전히 곳곳에 거주하며 그들의 문화를 유지하고 있다(오스트레일리아 정부 홈페이지).

호주는 1788년 1월 26일에 영국 해군이 첫 깃발을 시드니 코브에 꽂았다고 전해지고 있으며 이를 기념하여 오늘날에는 'Australia Day(오스트레일리아 건국 기념일)'로 지정되었다. 물론 이전에도 유럽인들이 뉴질랜드와 함께 이 지역을 탐험하였다고 알려졌지만 죄수와 관리인들을 데리고 정착의 목적으로 온 것이 1788년으로 기록되어 있다. 잘 알려졌다시피 1800년대까지 호주에는 유럽에서 건너온 백인죄수들과 그들을 경비하였던 경비원들이 시드니 인근지역에 거주하였으며 이들이 오늘날 백인 인구들의 선조로 받아들여지고 있다. 정확한 독립 시점은 불분명하지만 1986년부터 영국과는 관련이 없는 주권국가라고 호주법원의 판결을 밝혔다. 앞에서 언급하였던 것과 같이 수천만 년 전에 동남아시아의 말레이족과 호주원주민들은 신석기 시대의 문화를 공유하고 있었다고 추정하고 있다.

오랫동안 영국의 문화를 공유하고 있었지만 마침내 독립적인 국가로 존재하게 되었고 오늘날 경제 및 농업분야에서 탁월한 성장을 이루었다(오스트레일리아 정부 홈페이지).

호주의 풍부한 천연자원들 덕분에 더욱 많은 이민자가 몰려들었고 농업, 광업에 있어서는 세계시장의 주요 생산국이 되었다. 특히, 철광, 석탄, 양모, 밀, 설탕, 축산가공 등은 세계에서 대표국가로 알려져 있다.

2. 호주의 식사문화

앞에서 언급한 것과 같이 다양한 국가와 인종이 혼합되어 있으므로 요리방법 또한 다양하게 발전을 이루어왔다는 사실은 그리 놀라운 일이 아니다. 물론 호주라는 특성을 자랑할 만한 음식이 없다는 시선도 있지만 풍부한 해산물, 저렴한 양고기, 다양한 과일들이 이주민들의 다양한 조리방법과 융화되어 호주만이 갖고 있는 식문화를 형성하고 있다. 여전히 영국의 식문화를 쉽게 접할 수 있지만 아시아 문화와의 교류가 많아지고 아시안의 혈통도 남아 있는 만큼 음식에 있어서 향신료를 즐겨 쓰는 아시아의 요리방법이 가미되어 있다. 이는 일부의 외식산업에서만 목격되는 것이 아니라 가정식에서도 접목되어 있어 호주는 '유럽과 아시아 음식의 혼합체'로 인식되고 있다.

호주인들이 와인을 즐겨 마시는 모습은 유럽의 식문화를 방증하기도 하는데 현재 호주 와인은 세계시장에서도 높은 인지도를 쌓고 있으며 호주를 방문하는 관광객들이 즐겨 찾고 있다. 뉴질랜드와 더불어 축산업은 세계의 중심이 될 만큼 생산량이 막대하고 중동아시아의 이슬람권역 방문객들에게 매우 매력적인 장소이다. 다른 대륙에서 맛보지 못하는 캥거루, 왈라비 등과 같은 음식을 맛볼 수 있다.

3. 호주의 삶

일상적으로 섭취하는 음식

호주의 식생활에 대하여 무미건조하다는 표현을 종종 듣게 된다. 이는 이민국가의 특성으로, 다른 국가들처럼 하루 세끼를 챙기고 아침과 점심 휴식시간에 차나 맥주를 간단한 스낵과 곁들여 마시는 것을 볼 수 있다. 이들이 즐겨 먹는 음식들은 이주민 국가인 미국과 매우 유사하다.

유럽인들이 이주하기 전의 음식문화는 단백질을 보충하기 위해 캥거루나 에뮤(emu)의 소비가 이루어졌다. 축산업이 잘 발달된 덕택으로 흔히 스테이크를 즐겨 먹으며, 스테이크는 소금과 후추로 간을 하는 간단한 조리방식을 선호하고 베이킹을 위해서 몇 가지의 향신료를 넣어서 굽는다. 하지만 건강한 라이프스타일에 관심이 많아지면서 더 많은 야채와 우유를 섭취하고 있으며 피시 앤 칩스(fish and chips)를 선호한다. 주변이 바다로 둘러싸여 있는 환경의 영향으로 해산물 요리가 많으며 참치, 연어, 가재, 새우 등의 해산물을 즐긴다. 특히 호주인들은 적절한 기후 영향으로 주로 야외에서 조리하곤 하는데 바비큐, 스테이크, 해산물을 구워 먹는 외식 스타일을 선호한다. 호주에서는 가정에 초대되었을 때에는 자신이 마시는 음료를 직접 가지고 가는 BYOB(Bring Your Own Beverage) 문화를 접하게 된다. 대체로 식사 중에 여자는 차를, 남자는 맥주를, 그리고 아이들은 우유를 함께 먹는다.

호주의 기념일

호주는 종교에 대한 제한을 두지 않는 나라이다. 기독교, 천주교가 주를 이루고 있으나 아시아인들의 이민으로 인해서 다양한 종교가 존재한다. 호주는 1년에 여덟 번의 국가 공휴일이 있는데 새해 첫날, Australia Day(1월 26일), Saint Friday(3월 25일), 부활절 토요일(3월 26일과 28일), 안작 데이(4월 25일; 1차 세계 대전에서 순직한 호주 군인들을 기리기 위한 날: Anzac Day), 박싱데이(12월 26일) 그리고 크리스마스(12월 25~27일)가 있다(오스트레일리아 정부 홈페이지). 크리스마스는 일반적으로 12월 25일이지만 주말과 겹치면 다음 월요일을 공휴일로 대체하는 방식을 채택하였다. 4월 25일 '안작데이'는 1차 세계 대전에서 순직한 호주 군인들을 기리기 위한 날이다. 이 날은 군인들의 행렬이 이어지며 맥주파티가 열린다. 또한 매년 크리스마스 다음 날로 박싱데이를 기념하는데 남호주가 영국 행정지역으로 편입된 것을 경축하기 위한 날이다. 최근에는 호주 시드니의 호바트 지역에서 전세계 요트대회가 열린다. 크리켓이라는 경기에는 10만여 명의 관중이 모여들며 미국의 블랙 프라이데이(black friday)처럼 온갖 상품에 대하여 연말 세일이 시작되는 날이기도 하다.

이와 같은 국가 기념일들이 가장 많이 알려져 있으나 각 자치별로도 크고 작은 기념일이 있으며 지역에 맞추어서 법정 공휴일로 지정하기도 한다.

기념일에는 전형적인 저녁 식사, 샐러드, 후식으로는 아이스크림 케이크나 푸딩을 즐겨 먹는다. 스포츠 행사가 있는 날이면 소풍 가듯이 음식을 장만하여 바비큐 파티를 하면서 맥주를 즐긴다(Newman & Newman, 1997).

호주의 대표적인 음식 및 관련 용어들

- 안작 쿠키(anzac crispies): 오트밀로 만든 바삭바삭한 쿠키
- 댐퍼(damper): 원주민들이 즐겨 먹던 구운 빵이며 전통방식대로 구운 것을 선호함
- 파블로바(pavlova): 뉴질랜드인과 호주인들 사이에서 자신의 디저트라고 주장하는 케이크이며 과일을 속재료로 휘핑크림과 설탕가루를 케이크 위에 뿌려 먹음
- 베지마이트(vegemite): 미국의 땅콩버터(peanut butter)와 같이 샌드위치에 발라 먹을 때 사용하는 음식으로 호주가 자랑하는 스프레드(spread)(Reinhard, 2016)

호주의 고기파이(meat pie)를 직접 만들었을 때의 모습. 호주와 뉴질랜드의 대표적 파이로 스포츠경기가 있을 때 즐겨 먹으며 성인 기준으로 일년에 호주는 평균 12개, 뉴질랜드는 평균 15개 정도 먹는다.

4. 호주와 한국의 문화 차이 비교

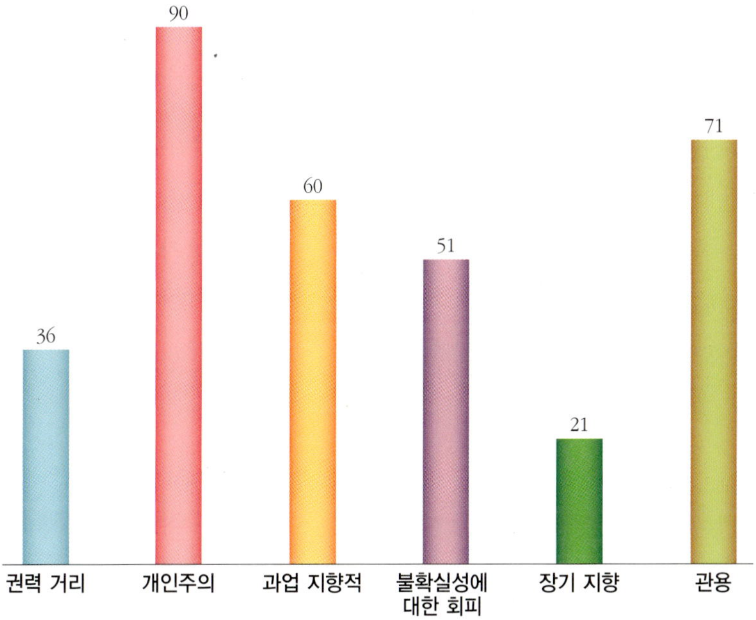

권력 거리 지수(power distance index)

호주는 한국과 여러 가지 측면에서 상이(相異)한 문화적 특성을 보이고 있다. 한국에 많이 알려진 국가이며 '자유로움'을 경험하기에 적합한 문화이다. 그만큼 호주인들이 인지하고 있는 국가의 권력 구조는 평등하게 이루어져 있고 차별이 있기는 하지만 이민국가의 특성상 포용할 수 있을 정도이다.

개인주의 vs. 집단주의(individualism vs. collectivism)

호주는 자유로운 생활 양식과 개인의 특성을 강조하는 사회임을 알 수 있다. 역사적으로는 유색인종에 대한 차별이 강하였던 국가이지만 다양한 국가에서 이주하여 온 이민사회가 점차 증가하면서 공동체적 사고를 요구하기보다는 각각의 특성을 그대로 인정하는 문화가 되었다. 현대사회의 호주는 다양한 문화들이 공간적 범위 내에서 이질성이 인정되는 사회이다.

과업 지향적 vs. 대인관계 지향적(masculinity vs. femininity)

호주는 역사적으로도 심각한 내란이나 국제적 분쟁에 자국의 직접적인 이익을 위한 연계가 되어 있지 않았다. 물론 제2차 세계 대전에는 참여했지만 연합군의 일원으로 참여하였고 자국의 이득이나 영토 확장 등의 목적으로 전쟁 또는 내란이 발생하지 않았던 역사를 자랑한다. 이러한 호주의 국가적 특성은 많은 서양의 선진국들에서 상대적으로 높게 나타나는 과업 지향적(masculinity) 문화와는 다소 차이를 보이고 있다.

불확실성에 대한 회피 지수(uncertainty avoidance index)

이민사회가 보여 주는 다양성은 문화를 결정짓는 중요한 변수들이 된다. 호주의 다양한 인종들의 공존은 가변적인 환경에 대하여 불편함을 갖기보다는 있는 그대로를 인정하게 되면서 편안함을 찾게 되었다. 즉, 정해져 있는 규율이나 규범에 맞추어 운영되는 삶의 환경 방식에는 다소 불편함을 갖는 문화 특성을 보이고 있다.

레시피

호주 고기 파이(meat pie)

재료

소고기(간 것) - 1kg
케첩 또는 토마토 소스 - 1컵
양파(잘게 파이에 들어가게 썰어 놓은 크기) - 1컵
소금 - 1작은술
우유 - 1컵
빵가루 - ⅔컵(집에 남은 스낵 이용 가능함)
오레가노(Oregano) - 1작은술
후춧가루 - ½작은술
우스터 소스 - 2큰술
치즈 - 2컵(체다 치즈 선호)
파이지 - 2장(만두 피로 하여도 됨)

조리방법

1. 오븐을 175℃(350℉)에 맞춰 예열한다.
2. 소고기, 케첩, 양파, 소금, 우유, 빵가루, 오레가노, 후춧가루를 그릇에 담아서 잘 섞는다.
3. 양을 반으로 나누어서 파이지 속에 넣고 오븐에 45분 정도 굽는다.
4. 소스와 치즈를 파이 위에 뿌려 주고 5~7분 정도 오븐에 다시 넣어 치즈가 조금 녹으면 꺼낸다.

뉴질랜드 New Zealand

1. 뉴질랜드의 다양한 환경 요인

뉴질랜드인들은 전통적으로 상호의존적인 관계를 지향하는 특성을 가지고 있다. 뉴질랜드의 다양한 문화를 언급하는 데 있어서 반드시 포함되는 주제 또는 특성은 원주민인 마오리족일 것이다. 뉴질랜드의 최초의 정착민인 마오리족은 농작법(agriculture)을 개발하고, 사면이 바다로 둘러싸인 지리적 환경을 적극적으로 활용하는 어업(fishing), 가금류를 가축으로 사육하는 방법을 선진화된 시스템으로 구축하였으며, 이러한 지식과 기술은 유럽인들에게도 많은 영향을 끼쳤다. 분명한 것은 마오리족의 문화가 뉴질랜드를 대표하는 특성을 자랑하고 있지만 뉴질랜드인들의 상당수는 유럽에서 건너온 이주민이다. 미국의 원주민인 인디언들이 유럽에서 이주해 온 초기 개척자들과의 영토분쟁이 있었던 것처럼 뉴질랜드와 호주에서도 토착민과의 심각한 유혈분쟁이 있었다. 물론 불합리한 과정이 있었던 것은 분명하지만 현대사회에서 소개되고 있는 뉴질랜드의 전통 예술 문화(마오리족 춤, 목각, 전통의상, 전통 장례문화, 그림, 토착언어 등)들이 유지되어 오고 있는 것은 이주해 온 초기 개척자들의 공헌임에 틀림없다. 이주민들이 유입되기 전까지의 뉴질랜드의 문화에 대한 기록물들이 사실상 문헌으로 기록되어 있지 않았고 구전(口傳: Word of Mouth)으로 전해졌기 때문에 많은 부분들이 유실되었다(Salmond, 1997).

뉴질랜드는 오염되지 않은 자연환경을 떠올리게 한다. 남북으로 나뉘어 있으며 남부지역(크라이스트처치)이 규모 면에서 더 크고 알프스라고 불릴 만큼 산으로 이루어져 있으며 해안 생태계가 잘 형성되어 있다. 남부의 주요 산업은 관광과 농업을 기반으로 형성되어 있다. 북쪽(웰링턴)은 남쪽에 비해 산이 적어서 평

야지대를 형성하고 있다. 북부지역에서 마오리족 문화가 잘 갖춰져 있으며 지질 활동이 활발하여 이로 인한 지진이 많이 일어나는 곳이다.

마오리족의 전통 요리방식은 도기로 만든 오븐에서 조리하며 구덩이를 파고 그 속에 불을 지펴서 돌을 그 위에 놓는다. 재를 걷어내고 계속해서 돌을 달구면서 사용하는데 돌 위에 적당히 썬 고기와, 생선, 야채들을 올려 놓고, 그 위에 물을 약간씩 뿌리며 덮개로 덮어, 열과 습도를 유지해 음식이 잘 익도록 하였다. 일정 시간 덮개를 덮어놓고 조리가 끝나면, 맛있게 익은 고기와 생선, 야채를 가족들이 둘러앉아 먹으며 즐거운 시간을 보낸다. 이러한 조리방식은 오늘날에도 파티나 기념일(스포츠 행사, 가족 소풍 등)이 있을 때 많이 사용한다.

몇몇 고립된 지역을 제외하고, 음식 저장은 뉴질랜드에서 크게 문제되지 않는데, 이는 효과적인 농경방식과 다양한 기후로 인해 항상 신선한 과일과 야채, 곡물을 비롯하여 고기와 유제품을 얻을 수 있기 때문이다.

뉴질랜드인의 기념일

뉴질랜드는 크리스마스와 부활절에 온 가족이 함께 모여 즐기는 큰 행사를 하지만, 크리스마스 연휴에 개최되는 '레이스 데이(racing day) 같은 스포츠를 관람하는 것은 스포츠를 매우 좋아하는 뉴질랜드 사람들에게는 다른 종교적인 행사들보다 더 많은 흥미와 즐거움을 준다. 음식은 대부분 구운 양고기와 야채들과 함께 파블로바(크림과 과일로 만든 디저트이며 호주와 뉴질랜드의 대표적인 디저트임)를 디저트로 먹는다(Belich, 1996).

2. 뉴질랜드의 식사와 관습

뉴질랜드는 사면이 바다로 둘러싸여 있는 만큼 바다에서 채취한 것을 재료로 한 요리가 주를 이룬다. 생선과 해산물 요리가 잘 발달되어 있으나 이러한 요리법이 개발된 것은 그리 오래되지 않았다. 생선요리는 육류에 비해서 덜 선호했던 만큼 해산물 요리에 대한 소비가 많지 않았다. 생선요리는 마오리족 음식문화에서 잘 발달되었으며 그러한 조리방식이 최근에 더욱 관심을 받고 있다.

아침 문화

시리얼과 토스트를 커피나 음료를 곁들여 간단히 식사하는 모습이 다른 서양 국가들과 크게 다르지 않다. 오믈렛, 베이컨, 구운 토마토와 버섯, 간 감자를 구운 요리(hash browns), 굽거나 찐 콩 등을 조식으로 소비한다.

점심 문화

저녁 식사가 하루의 가장 큰 메뉴가 되기 때문에 점심을 거하게 소비하지 않는 경향이 있다. 샌드위치, 파이(hot pies), 샐러드와 과일을 즐겨 먹으며 주말 점심에는 고기, 감자, 호박 등을 오븐에 굽거나 쪄서 먹는다.

저녁 문화

하루 메뉴 중에서 많은 양을 소비하는 때이고 고기나 야채를 곁들여서 먹는다. 생선과 감자 튀김(fish and chips)을 즐긴다.

마오리족의 항이(hangi) 조리법

항이라고 불리는 이 조리법은 땅을 파고 그곳에 불을 지펴서 돌을 굽고 난 후에 달궈진 돌 위에 각종 재료들을 놓고 넓은 잎사귀를 여러 겹으로 덮어 주면 열이 바깥으로 새어 나가지 않아서 자연 찜기 방식이 재현된다. 하지만 조리에 걸리는 시간이 꽤 오래 걸린다는 단점이 있다. 재료가 큰 고기의 경우 대략 6시간이 걸리기도 한다(Emerson, 2011).

땅을 판다.

불을 지핀다.

돌을 굽는다.

식재료를 돌 위에 놓는다.

넓은 잎사귀(바나나 잎 등)를 덮는다.

레시피 뉴질랜드 파블로바(pavlova) 디저트

재료

〈6인분 재료〉

계란 - 4개(흰자만)
타르타르 크림 - ⅛작은술
설탕가루 - 1컵
옥수수 전분 - 1큰술
바닐라 추출 - 1작은술
과일 - 각각 1개씩(키위, 베리, 오렌지, 복숭아 등)
휘핑 크림 - 1½컵
소금, 식초 - 약간

조리방법

1. 오븐을 135℃(275℉)로 맞추고 베이킹(baking) 팬에 오일을 두르거나 물을 뿌린 후 유산지를 깔아 준다.
2. 큰 그릇에 계란을 넣어서 계속 휘젓는다(가급적이면 한 방향으로). 굳은 모양이 생기기 시작하면 설탕을 천천히 넣어 주면서 계속 휘저으면 더욱 굳은 모양이 생긴다.
3. 2에 옥수수 전분, 바닐라 추출물을 넣으면 더욱 좋다.
   * 새콤한 맛을 원하면 식초 ⅓작은술과 소금 1과 ½작은술을 추가해 준다. 여기까지 만든 것을 머랭(meringue)이라고 함
3. 모양에 맞는 베이킹 팬에 머랭을 올려 준다.
4. 오븐에 약 1시간 동안 굽는다.
5. 휘핑 크림은 선호도에 따라서 뿌리면 된다.
6. 어슷썰기 한 과일도 올려 준다.

culture food life nation continent

05 CHAPTER 유럽 국가의 문화

벨기에 Belgium

1. 벨기에의 다양한 환경 요인

벨기에는 유럽에 위치한 국가로 프랑스, 독일, 룩셈브르크의 국경과 맞닿아 있으며 네덜란드에서 분리되어 독립국가를 이루고 있다. 다양한 언어를 사용하고 있으나 불어를 사용하는 인구가 많다. 벨기에 사람들을 강직하고 자신감이 많다고 표현하며 지역에 따라서는 감성적이면서도 형식에 구애받지 않는 행동들이 엿보인다.

버터와 크림을 중요시하는 음식문화이며, 장인정신을 강조하는 문화이므로 원재료 실명제를 흔히 접할 수 있다. 가령, 'ㅇㅇ의 버터, 고기, 베리' 등의 이름을 가진 재료를 가게에서 볼 수 있다. 하지만 요리방식에 있어서는 다소 보수적인 성향을 띤다. 주변국의 영향도 있지만 인접국들에 비해서 외국의 요리방식을 혼합하지 않은 다소 순수한 음식문화라고 할 수 있다(Scholliers & Geyzen, 2010). 굳이 비교하자면 프랑스의 요리와 매우 유사하다고 할 수 있다.

벨기에의 기념일

벨기에의 뷔슈 드 노엘(Buche de Noel)

대부분의 벨기에 사람들은 로마 가톨릭교이다. 이들이 즐겨 먹는 식사는 고기가 들어 있지 않은 오트밀과 버터밀크로 만든 수프를 선호한다. 크리스마스를 기념하여 '뷔슈 드 노엘(Buche de Noel)'이라는 길쭉한 통나무 모양의 초코릿 케이크를 먹는데 케이크 종류에 관계없이 통나무 모양을 한 것이 큰 특색이다.

'성령 강림절(Whitsun)'은 긴 겨울이 안전하게 마무리되고 따뜻한 봄이 오는 것을 환영하는 기념일로서, 한국의 경칩과 같이 새로운 식물들이 성장하기 위해 어린 싹들이 돋아나는 것을 기념하는 날로 인식하고 있다. 이 날에는 가족이 초대한 사람들과 함께 차나 커피를 즐기고 작은 뷔페 형식으로 음식을 장만하여 함께 춤을 추며 기념한다.

2. 벨기에의 식사와 관습

벨기에 사람들은 공손하다고 잘 알려져 있다. 약속된 것을 철저히 지키며 늦는 것을 매우 싫어하고 초대된 곳을 방문할 때에는 사전에 곱게 포장한 꽃이나 작은 선물 등을 챙기는 것을 잊지 않는다. 일을 하거나 집에 있을 때 알 수 있듯이, 사람 자체가 매우 공손한 것으로 유명하다.

모던화되어 있는 프랑스와는 다소 다른 보수적인 공손함을 유지하고 있으며 음주를 가볍게 즐기는 것으로도 유명하다. 벨기에의 음식에서 잘 알려진 것은 와플과 맥주가 있다. 와플은 전 세계인이 즐겨 먹는 음식(또는 간식)으로 브뤼셀 와플과 리에지 와플로 나뉜다. 이 두 가지는 모양이 다소 다른데 브뤼셀 와플은 직사각형 모양으로, 가운데 네모난 구멍이 있으며 안에는 약간의 공간이 있는 듯 말랑말랑한 느낌이 있는 반면에 리에지 와플은 약간의 타원모양으로 브뤼셀 와플보다는 더 달고 깊은 맛을 낸다.

브뤼셀 와플(왼쪽)과 리에지 와플(오른쪽)

전통적으로 점심 식사는 하루의 식사에서 가장 중요하게 생각하는데 직장인들은 2시간가량의 점심시간을 가지며 잘 요리된 고기와 생선을 감자, 야채 또는 샐러드와 함께 먹는다. 고기는 보통 주방에서 썰어서 나오며 요리는 계절 야채를 곁들여서 제공된다. 야채나 샐러드가 손님의 사회적 지위와 관련이 있다고 하는데 많은 양일수록 지위가 더 높다고 한다. 하지만 일반 가정식에는 감자가 야채를 대표하며, 디저트로는 과일이나 치즈, 타르트(tart)와 푸딩이 있으며 와인이나 맥주와 함께 먹는다.

집에서 조리한 벨기에의 으깬 감자

벨기에는 작은 나라임에도 불구하고 약 180여 개의 크고 작은 맥주 관련 공장이 있다. 캔맥주보다는 생맥주처럼 오픈되어 있거나 병맥주가 많고 각각의 맥주병은 독특한 모양이 있으며 이에 맞게 디자인된 맥주 컵에 먹는 것을 추천한다.

위의 내용들은 전통적인 벨기에의 문화에서 찾을 수 있지만 다른 많은 서양국가들과 같이 바쁜 생활에서 식생활과 관련한 전통문화를 찾기 어려운 것이 사실이다(Scholliers, 2009).

벨기에의 대표적인 음식 및 관련 용어들

- 비프텍(biftek): 고기 종류에 상관없이 뼈없이 잘 손질되어 있어서 즐겨 먹는 음식. 고기는 소고기, 송아지, 돼지고기 그리고 말고기도 식용함
- 버터밀크(botermelk met Mavermout): 오트밀을 곁들인 버터밀크로 고기가 들어 있지 않은 수프. 천주교 기념일에 먹음
- 퐁듀(fondu bruxelloise): 차갑고 걸쭉한 치즈소스를 팬에 부은 후 빵에 묻혀 먹는 디저트

3. 벨기에와 한국의 문화 차이 비교

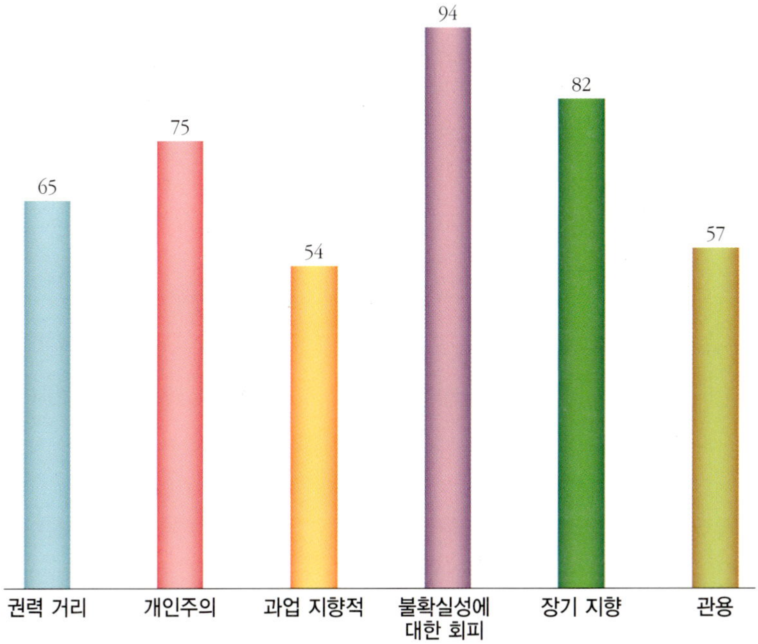

권력 거리 지수(power distance index)

수치를 통해 알 수 있는 벨기에의 권력 분배는 한국에 비해 조금 더 강화되어 있다. 하지만, 일반적인 생활환경에서 인지되는 권력 분배는 한국과 유사하거나 조금 더 평등하게 받아들이고 있다.

개인주의 vs. 집단주의(individualism vs. collectivism)

벨기에와 한국은 개인주의 또는 집단주의 문화에 있어서 많은 차이를 나타내고 있다. 유럽의 많은 국가들이 개인들의 의견을 중요하게 받아들이고 있는 편이다. 즉, 개인이 소속된 사회의 의견을 중시하기보다는 개개인의 특성을 우선시한다. 계약에 의한 관계가 눈에 띄며 자율성이 많이 보장되는 문화이다.

과업 지향적 vs. 대인관계 지향적(masculinity vs. femininity)

벨기에는 이 요인에 있어서 어느 한쪽으로 치우쳐 있지 않고 다소 중립적인 위치에 있다. 경쟁적인 환경을 선호하지 않는다는 것을 알 수 있고, 결정을 지어야 할 때에는 많은 서양국가들에 비해 다소 느긋하다. 그 이유는 개인의 의견들도 중요시되고 있으나 전체적인 동의가 이루어져야 함을 기본 가치로 두고 있기 때문이다. 벨기에의 지리적 위치로 인해서 남쪽과 북쪽 지역별로 약간의 차이가 있으며 북쪽 지역 문화에서 대인관계에 조금 더 관심을 보이는 반면 남쪽 지역은 성취 또는 도전에 더 많은 관심을 갖는다.

불확실성에 대한 회피 지수(uncertainty avoidance index)

역사적으로 벨기에는 다른 나라와의 영토분쟁이 잦았던 국가이며 규칙이나, 안전 등에 높은 관심을 갖는 국가이다. 즉, 사전에 계획을 세우고 전문가의 지휘에 따라서 움직이는 환경이라고 볼 수 있다.

4. 벨기에의 일반 문화

벨기에의 인사 방법은 키스를 왼쪽, 오른쪽 그리고 왼쪽으로 다시 하며, 동성끼리는 볼에 1회에 한하여 가벼운 키스를 한다. 악수에 대하여 보수적인 사회이기 때문에 가급적 모든 사람과 악수를 하며 자리를 뜰 때에도 악수를 반복한다. 기타 문화로는 벨기에는 한국보다 여가시간에 많은 투자를 하는 반면, 의료보험비용이 많이 지출되는 편이다.

식사에 초대되었을 때

초대를 받은 곳에서 제공하는 음료를 마셔야 하기 때문에 개인이 선호하는 음료를 제공받지 못할 수도 있으며, 집안을 둘러보는 것은 추천하지 않는다. 건배제의가 있고 음료를 마시고, 일반적으로 초대한 집의 부부는 서로 마주보는 자리에 앉기 때문에 사이에 자리를 하면 된다. 제공된 음식을 맛있게 먹는 것이 예의이며 자신의 접시에 담긴 음식은 남기지 않는 게 좋다. 벨기에의 의사 표현은 유럽의 많은 국가(독일, 프랑스, 헝가리)와 달리 다소 간접적, 즉 우회적인 편이다.

레시피 **벨기에 브뤼셀 와플(brussels waffles)**

재료

〈8인분 재료〉

드라이 이스트(active dry yeast) - 2¼작은술
우유(데운 것) - 3컵
계란(노른자위와 흰자위 분리한 것) - 3개
버터 - ¾컵
백설탕 - ⅓컵
소금 - 1½작은술
바닐라 추출물 - 2작은술
중력분 - 4컵

조리방법

1. 작은 그릇에 이스트와 ¼컵의 우유를 넣고 휘젓는다.
   * 약 10분이 지나면 자체적으로 조금 단단해진다(becoming foamy).
2. 다른 그릇에 계란 노른자위와 따뜻한 우유 ¼컵, 버터를 넣어서 휘젓는다.
3. 이스트가 살짝 굳으면 설탕, 소금, 바닐라 추출물 2작은술과 남은 우유 ½컵을 섞고 밀가루는 천천히 넣어서 함께 휘저어 준다.
4. 계란 흰자위를 단단해질 때까지 휘저어 주고 랩을 씌워서 약 1시간 동안 놓아 둔다.
5. 와플기계를 달구고(약 200℃) 브러시를 이용하여 와플 반죽을 넣을 곳을 오일로 발라 준다. 기계 뚜껑을 덮고 연기가 나지 않을 때쯤 와플을 넣어 준다.
6. 약 6분을 구워 주면 마무리된다.

간단한 조리 과정

1. 위의 **1**, **2**, **3**, **4**를 다 함께 넣어서 휘젓는다.
2. 그리고 위의 **5** 과정을 하면 마무리된다.

France
프랑스

1. 프랑스의 다양한 환경 요인

프랑스인들의 삶

프랑스인들의 고집과 편애적인 모습은 어릴 적부터 가정교육을 통해서 배우게 된다. 한국에 신토불이(身土不二) 정신이 있는 것처럼 프랑스인들은 자기 것에 대한 자긍심이 남다른 국가이다. 이러한 모습은 작은 단위인 가정에서부터 교육기관까지 이어지고 있으며 이를 바탕으로 그들만의 독특한 문화를 형성하고 있다.

유럽에서 러시아 다음으로 영토가 큰 국가이며 산으로 둘러싸여 있고 세계적으로 유명한 몽블랑산(Mount Blanc)은 이탈리아와 접경지대에 위치해 있다. 농업에 적합한 기후와 여러 조건들을 갖추고 있으며 농경산업이 국가의 경제에서 차지하는 비율은 다소 적지만(약 4%), 자급자족이 가능한 국가이다(Hewitt, 2003).

프랑스의 요리문화는 복잡함과 다양함으로 표현된다. 온갖 다양한 야채와 허브, 곡류, 고기 등이 모든 요리에 사용되며 포도를 생산하기에 최적인 기후는 프랑스의 와인을 전 세계인들이 선호하게 만들었다. 음식과 알코올은 프랑스 음식문화에서 생략할 수 없는 이야깃거리를 제공하며 프랑스 문화를 공유하는 경험을 갖게 한다.

'프랑스의 부엌에서는 버려지는 것이 전혀 없다.'라고 할 만큼 재료의 특성을 충분히 이해하고 있으며 다양한 메뉴로 재생산된다. 상할 것 같은 음식 재료를 폐기하지 않고 볶거나 끓여서 음식의 속을 채우며 고명이나 수프의 향을 내는 데 사용하기도 한다. 음식 재료를 보고 효율적이지 않을 것 같지만 그들이 만들어 낸 음식은 실망감을 주지 않는다.

프랑스인들의 기념일

프랑스 인구의 대부분은 로마 가톨릭교이며, 소수의 신교도와 유대교인으로 이루어져 있다. 프랑스의 국가 기념일은 크리스마스, 새해, 독립기념일(Bastille, 7월 14일)이며 독립기념일에는 야외에서 폭죽을 터뜨리고 춤을 추고 갖가지 기념 행사들이 열린다. 이때 다양한 치즈를 즐긴다. 특히 프랑스인들이 즐겨 먹는 치즈는 까망베르(camembert: 브리 치즈와 유사함, 한국인이 김치를 먹는 만큼 가장 소비가 많이 이루어지는 치즈), 브리(brie: 마치 하얀 설탕가루를 얹은 모양), 쉐브르(chevre: 염소 치즈라고 칭함), 로크포르(roquefort: 블루치즈이며 양젖으로 만들기에 다소 거친 향이 남)가 있다(Denny, 1994).

2. 프랑스의 식사와 관습

프랑스의 음식은 코스로 나눌 만큼 다양하다. 일반적으로 식사 전에는 샐러드나 수프(appetizer)로 음식 맛을 돋구고, 고기를 이용한 주 요리(entrée)가 있으며, 치즈는 빵과 함께 서브되고 후식(dessert)이 제공되는 과정을 경험할 수 있다. 식사에는 알코올 음료가 제공되는데 프랑스 와인이 대부분이다. 바게트 빵을 자주 주기 때문에 접시에 담긴 소스를 깨끗하게 비울 때 바게트 빵을 이용하면 된다.

프랑스의 음식문화는 다른 나라와 비교해 볼 때 조금은 더 격식을 차리고 있다. 어느 곳에 위치한 레스토랑을 가더라도 와인은 항상 제공된다고 할 만큼 프랑스인들에게 와인은 각별한 사랑을 받는다. 와인은 샐러드와 함께 마시지 않으며 가벼운 맛을 내는 드라이 와인(dry wine)부터 마시고 단맛을 내는 와인(sweet wine)을 나중에 마시는 것이 와인에 대한 기본 예절이다. 와인을 한 종류만 마시기보다는 다양한 와인이 있어서 맛을 보면서 선택할 수 있다.

한국의 음식문화와 비슷한 부분은 레스토랑에서 팁을 주지 않는다는 것이다. 서버(servers)의 팁은 음식값에 포함되어 있기 때문이다. 프랑스에서는 레스토랑에서 남은 음식을 집에 가져가는 경우가 별로 없다. 물론 패스트푸드에서는 가능하다. 프랑스의 대표 음식 중 하나인 바게트(baguette)는 조식에서 크루아상(croissant)과 함께 먹고, 커피를 마실 때는 에스프레소(espresso)의 맛을 낼 만큼 커피 향이 강하기 때문에 따뜻한 우유가 함께 제공된다. 조식에는 요거트나 제철과일도 곁들여서 먹는다. 유럽국가들은 점심시간이 다소 길다는 특징이 있는데 약 2시간이 주어진다. 이런 이유로 저녁 식사시간이 다소 늦은 8시경에 이루어진다.

프랑스 요리 및 요리 관련 용어

- 오 그라탱(au gratin): 음식 위에 버터를 바른 빵가루를 뿌리고 치즈를 갈아서 브로일러(broiler)에 살짝 구워 나오는 음식
- 바게트(baguette): 프랑스의 대표적인 빵이며 긴 모양으로 겉은 다소 딱딱하지만 속은 부드러우며 프랑스의 거의 모든 음식에 제공됨
- 부케 가르니(bouquet garni): 향이 있는 허브들을 보자기에 싼 것으로 조리할 때 사용함
- 크레이프(crepes): 얇게 지진 부침개로 다양한 양념을 넣어서 쌈을 싸기도 하며 그대로 먹기도 함
- 루(roux): 음식을 걸쭉하게 만드는 한국의 전분과 유사하며 전분 성분이 있는 재료를 버터나 물로 잘 저어서 사용함

가정식 크레이프

- 비네그레트 소스(vinaigrette sauce): 샐러드에 사용하는 소스이며 식초와 올리브 오일을 혼합하여 만든 것으로 샐러드 소스의 가장 기본이 됨. 취향에 따라서 과일을 갈아 넣으면 질감과 색채감이 뚜렷해짐

왼쪽: 카르보나라(carbonara: 크림소스와 치즈를 주재료로 사용하여 만드는 스파게티. 이탈리안 카르보나라는 크림소스를 덜 사용하는 경향이 있음)
아래쪽: 에스카르고(escargot: 달팽이 요리)

바케트(baguette: 프랑스 어느 곳에서든지 쉽게 찾을 수 있는 국민 빵)

3. 프랑스와 한국의 문화 차이 비교

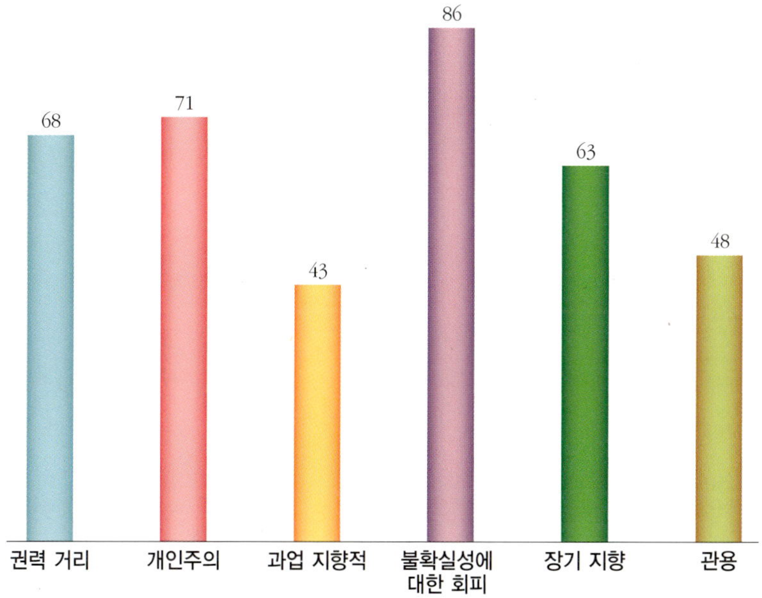

한국과 프랑스는 여러 측면에서 유사성을 보이고 있다. 개인주의적인 문화라는 특성을 제외하고는 한국과 유사한 수치를 보이는 국가이다.

권력 거리 지수(power distance index)

권력 기리에 대한 수치는 한국에 비교해 더 높다. 수치가 높다는 것은 권력 분배가 평등하게 이루어지지 않고 소수의 그룹이 권력을 많이 갖고 있다는 것을 의미한다. 프랑스는 주변의 영국이나 독일과 함께 유럽의 경제에 목소리를 내고 있지만 그에 비해 계층적인 문화가 다소 강한 것으로 알려져 있다(geert-hofstede.com).

개인주의 vs. 집단주의(individualism vs. collectivism)

프랑스는 개인주의적 사회를 대표하는 유럽의 많은 국가 중 하나이며 부모들은 자식들에게 어린 시절부터 독립하는 것을 가르친다. 이러한 결과로 자신에 대한 책임감을 중요시하는 경향이 나타난다. 다른 유럽국가들에 비해 음식문화와 연관 지어 보면 비만율이 적게 나타나고 있는 것도 개인주의적인 사고와 연계되어 있다고 한다(geert-hofstede.com).

과업 지향적 vs. 대인관계 지향적(masculinity vs. femininity)

대인관계에 조금 더 많은 관심을 가지는 사회이며 삶의 질적인 면에 초점을 두고 있다. 프랑스의 노동시간을 예를 들어 보면 주 35시간 정도를 직장에서 보내며 나머지 시간을 가족과 보낸다. 프랑스는 서양국가들 중에서 독특한 문화를 보이는데 중상위층으로 갈수록 대인관계 지향적이고 경제적으로 하위그룹은 과업 지향적인 모습을 보이는 상반된 문화를 보이는 국가이다.

불확실성에 대한 회피 지수(uncertainty avoidance index)

일반적으로 프랑스는 자유로움을 대표하는 국가로 잘 알려져 있지만 새로움을 추구하거나 계획되지 않은 이벤트를 선호하지 않는다. 규율과 규칙에 대해 매우 보수적인 색채를 띠는 문화이며 남미국가들이 유사한 특성을 드러낸다.

4. 프랑스의 일반적인 문화 요인들

프랑스의 인사법은 악수를 하거나 볼에 살짝 키스를 하는 것이다. 식사예절은 음식을 먹을 때 입을 벌리지 않으며, 가급적 테이블에서 식사를 권유하기 때문에 예절을 갖춘 포크(fork)와 나이프(knife)를 사용한다. 종교적인 의미의 손으로 식사하는 것을 선호하지 않으며, 식사할 때는 손이 보이도록 하여야 하고, 손을 무릎 위에 올려 놓는 것은 무엇인가를 감추거나 선뜻 음식을 선호하지 않는 의미로 생각한다. 팔꿈치를 테이블 위에 올려놓는 것도 좋은 예절이 아니다. 가급적이면 냅킨을 무릎 위에 얹고 식사하도록 한다. 프랑스인들의 의사소통 법은 직설적이기 때문에 한국의 다소 간접적인 표현방법과는 문화적 차이를 느끼게 된다.

레시피

프랑스 크레이프(crepes)

재료

〈4인분 재료〉

중력분 - 1컵
계란 - 2개
우유 - $\frac{1}{2}$컵
물 - $\frac{1}{2}$컵
소금 - $\frac{1}{4}$작은술
버터 - 2큰술(녹인 양)

조리방법

1. 위의 재료가 들어갈 수 있는 그릇에 밀가루, 계란, 우유를 넣어 천천히 저어 준다. 기호에 따라서 소금과 버터를 추가하여 잘 섞어 준다.
2. 중불로 달군 팬에 오일을 두른다.
3. 1의 1컵 분량의 반죽을 팬 중앙에 놓고 천천히 팬의 주변으로 퍼져 나가게 돌려 준다.
4. 2분 후 반죽의 바닥이 노르스름해지면 뒤집어서 약 30초간 더 굽는다.
5. 위의 과정을 마치고 집안에 있는 과일 종류를 잘게 썰어서 싸 먹을 수 있으며, 휘핑 크림을 위에 얹어도 된다.

Tips: 소의 재료는 과일을 사용해도 되지만 고기를 잘게 썰어서 볶은 후 사용해도 된다. 크레이프는 멕시코의 토르티야와 같은 역할을 하며 속 내용물이 무엇이 들어가더라도 괜찮다.

Bulgaria 불가리아

1. 불가리아의 다양한 환경 요인

불가리아는 8백만여 명의 인구로 구성된 국가이며 다양한 민족이 있지만 인구의 약 90%는 그리스 정교회(Orthodox Church) 소속이며 약 9%는 무슬림과 1%는 유대교인들이다.

다른 유럽국가들과 유사한 기념일들이 있으며 크리스마스에는 아기돼지를, 부활절에는 아기 양을 구워 먹는 전통이 있다. 생선은 고기를 섭취하지 않는 날에 다른 음식들과 함께 먹으며 구운 민물고기에 쌀, 견과류, 양파 등을 볶아서 곁들인 음식을 즐겨 먹는다.

종종 전통혼례방식으로 행해지는 결혼식에서는 한국의 강강술래처럼 원을 그리며 춤추며 음식을 즐기는 모습을 볼 수 있다. 주변 국가들과 유사하게 양고기와 온갖 양념들(피클, 샐러드, 제철과일 등)이 푸딩과 함께 제공된다.

2. 불가리아의 음식과 문화

불가리아의 음식은 종종 그리스나 터키 그리고 유럽 쪽의 러시아와도 유사하며 메뉴들도 요거트를 이용한 샐러드, 필라프(pilaf), 돼지고기로 만드는 귀베체 스튜(gyuvech stew), 잎으로 감싸서 만드는 쌈 채소 또는 고기 쌈(dolma), 다진 고기에 치즈와 소스를 얹어서 구운 음식(mussaka) 등이 주요 음식이며 양념을 강하게 하지 않는 특성이 있다. 올리브나 고추를 절인 반찬들과 레몬을 곁들여 다소 새콤한 맛을 내는 음식들이 있다. 이외에도 불가리아 음식은 다양한 샐러드, 빵 종류,

스튜와 특산물 메뉴들이 즐비하다.

불가리아는 다양한 유제품으로 유명한 나라이며 한국에는 대표적으로 요거트가 잘 알려져 있으나 현지에서 먹는 요거트는 신맛을 내기 때문에 아마도 처음 시식하는 방문객들에게는 다소 낯선 맛이기도 하다. 불가리아인들은 요거트를 한 가지의 형태로 먹는 것이 아니라 다양한 형태의 음식으로도 만들어 먹는다.

아침으로는 바닛사(banitsa)를 즐겨 먹는데 치즈, 시금치, 쌀과 고기로 속을 채운 빵이며, 팬케이크, 튀긴 빵(mekitsas) 등을 잼, 청(marmalade), 꿀과 요거트와 함께 곁들여서 식사한다.

차가운 수프인 타라토르(tarator)는 요거트, 오이, 허브(dill), 호두와 양념을 버무려서 만든 음식이며 불가리아인들이 매우 선호한다. 수프와 육수(한국의 탕 종류)들은 시골 지역에서 선호하며 생선수프도 일부 지역에서 선호하는 음식이다. 감자는 거의 모든 요리에 사용되며, 평평한 소시지를 같이 먹는 것은 불가리아의 오랜 전통 음식문화이기도 하다.

다른 유럽국가들과 유사하게 와인을 즐기면서도 살구(apricots), 자두(plums), 무화과, 배 등으로 만드는 불가리아의 술(spirit: 칵테일 또는 양주)도 유명하여 많은 인기를 얻고 있다.

3. 한국과 불가리아의 문화 차이 비교

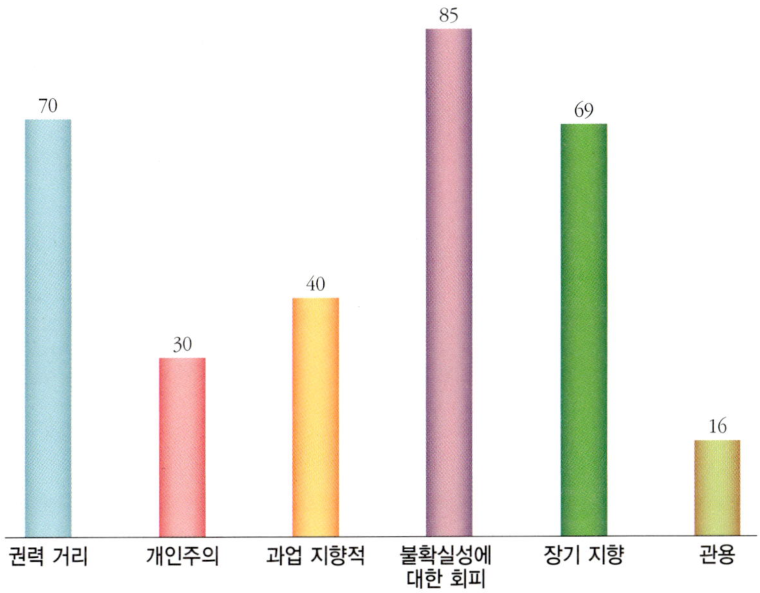

권력 거리 지수(power distance index)

불가리아의 사회는 계층적인 위계질서가 있으며 그 계층에 따른 불평등과 중앙집권화되어 있는 국가 구조 시스템에서도 찾을 수 있다. 조직 내에서도 상위계층에서 내린 결정에 대하여 반론을 제기하지 않는다.

개인주의 vs. 집단주의(individualism vs. collectivism)

불가리아는 한국과 유사한 공동체적 사고를 가지고 있으며 '우리'를 강조하는 문화권역이다. 가족과 지역사회에 대한 연대가 강하고, 충성도가 높은 조직문화를 어렵지 않게 볼 수 있다. 소속된 구성원에 대하여 서로에게 책임을 묻는 문화이기 때문에 개인의 목소리가 잘 반영되지 않는다.

과업 지향적 vs. 대인관계 지향적(masculinity vs. femininity)

대인관계에 더 많은 초점이 맞추어져 있는 사회로 'working in order to live' 즉 삶을 영위하기 위해 일을 하는 문화이며 모든 구성원의 동의를 필요로 하면서 협상을 통해 갈등을 해결하려는 집단주의적 문화이다.

불확실성에 대한 회피 지수(uncertainty avoidance index)

불가리아는 한국과 매우 유사하리만큼 불규칙한 환경에 대하여 불편함을 느낀다. 예상하지 못한 행동이나 아이디어들에 대하여 포용하기보다는 허용하지 않으려는 색채가 강하다. 특히 이러한 높은 수치는 사람들이 편안하게 삶을 즐기기보다는 각박하게 살아가는 특성이 있음을 말해 준다.

레시피 **불가리아 요거트(yogurt)**

재료

〈4컵 분량〉

저온 살균된(pasteurized) 우유-4컵
유산균 요거트 스타터-3큰술(유산균 배양 재료)
요거트 담을 병-4개
조리 온도계
요거트 기계(인큐베이터)

조리방법

1. 중~약불 사이에서 우유를 천천히 60℃(160°F)까지 끓인다.
2. 우유를 스토브에서 꺼낸 후 40℃(110°F)가 될 때까지 실온에 둔다. 온도계가 없으면 손가락을 넣어 따뜻한 느낌이 있을 때가 적당하다.
3. 유산균 요거트 스타터를 우유에 넣어서 잘 저어 준다.
4. 3의 잘 저은 우유를 병에 담아서 요거트 기계에 들어 갈 인큐베이터(배양기)에 40℃에서 약 12시간을 놔둔다.
   * 약 1시간 간격으로 요거트의 윗부분이 굳어지는지 확인한다.
5. 요거트의 윗부분이 젤리처럼 말랑말랑해지면 요거트 병의 뚜껑을 닫고 실온에 약 2시간 동안 놔둔다.
6. 2시간 후 냉장고에 6~8시간 동안 놔둔다.

Tips: 고온 살균된 우유를 사용해도 되나 요거트는 유산균의 배양을 통해서 만들기 때문에 고온 살균된 우유(Ultra High Temperature: UHT)는 유산균 배양이 일어나지 않아서 요거트를 만들기에 적합하지 않다.

덴마크 Denmark

1. 덴마크의 다양한 환경 요인

덴마크는 현존하는 국가들 중에 가장 오래된 군주국가이며 1000년 이상의 역사를 자랑한다. 부정부패가 가장 없는 국가로 정평이 나 있으며 사회복지 시스템이 잘 갖춰져 있다. 페로스 제도(Faeroes Islands)와 그린란드(Greenland)도 덴마크의 영토에 속해 있지만 자치제의 운영방식을 선택하고 있다. 언어는 덴마크어를 사용하고 있으나 독일과 인접한 영향으로 독일어를 사용하는 인구가 있으며 이외에 페로스 제도와 그린란드 지역은 지역의 방언을 사용한다. 스웨덴어와 불어도 소수언어로 사용되고 있다. 기독교(Christianity) 국가이기는 하지만 종교 선택에는 충분한 자유가 있으며 강요가 없다.

덴마크인들은 장식을 무척 좋아하는 것으로 알려져 있다. 식탁에 꽃을 올리고 예쁜 주방기구들을 사용하여 조리하는 것을 선호한다. 일부에서는 "테이블에 꽃이 없으면 음식을 먹지 않는다."라고 할 만큼 장식에 많은 관심을 가진다(Palle, 1995).

덴마크는 세계 낙농업의 대표 국가라고 칭해진다. 발트해 연안에 위치해 있으며 유제품 가공 능력은 세계 최고라는 칭호를 받기에 부족함이 없다. 더불어 신선한 우유를 추출하여 치즈와 버터를 만들고 돼지고기를 이용하여 만드는 갖가지 제품들 또한 세계의 주목을 끌 만하다.

덴마크는 통일된 왕국(a unified kingdom)으로 시작되었으며 이후 여러 나라로 독립이 이루어진 이후에는 식민지배 활동을 하였으며 이러한 시기에 국제 무역이 활발히 이루어졌다. 서인도와의 무역 상품 중에서 많이 알려진 럼주(rum spirit)는 이러한 그 시대의 대표 상품으로 간주하기도 한다.

덴마크는 유럽의 북쪽에 위치해 있으면서 날씨의 영향을 크게 받기 때문에 음식의 저장과 보존문제는 덴마크 정부의 큰 고민거리였다. 이를 극복하기 위해서 육류나 생선을 염장하고, 절이고, 훈제하여 저장하는 방법을 고안하였으며 현재 애용되고 있는 캔이나 냉동식품 등도 음식의 저장과 보존문제를 위한 덴마크 농림부의 노력의 결과물이다. 이를 통해서 오랫동안 항해할 때나 기후의 변덕스러움으로 인한 기근이 들었을 때에도 음식을 오랫동안 보관하여 공급할 수 있게 되었다. 이러한 기술은 오늘날에도 사용되고 있으며 많은 사람들이 덴마크의 오래된 전통방식에서 그 유래를 찾고 있다(덴마크 문화부; 덴마크 홈페이지).

덴마크의 전통 문화

대부분의 덴마크 사람들은 루터교도이며 이들의 대다수가 로마 가톨릭교를 믿지 않는다. 하지만 축제를 하는 기간에서는 종교적인 부분만을 강조하지는 않으며, 특히 생일이나, 세례요한 축일 전야(Midsummer Eve), 심지어 가재 시즌이 시작되는 날에도 마치 크리스마스나 부활절, 결혼 등을 기념하는 것처럼 열정적으로 축하하고 즐긴다(덴마크 문화부).

스칸디나비아 지역 사람들은 skal(skoal)의 관습을 따르는데 손님이 왔을 때에 주인(host)은 손님의 눈을 보며 인사를 하고 건배 및 잔을 내려놓는 풍습이 있다. 이러한 관습은 일반적으로 남성에게 적용되며 여성들은 해당이 되지 않았으나 그러한 전통문화가 많이 희미해지고 있다.

2. 덴마크의 식사와 관습

덴마크는 추운 날씨의 영향으로 이를 보완하기 위한 갖가지 조리방법들을 고안하였다. 지난 수세기에 걸쳐서 야채보다는 고기를 많이 소비한 이유가 바로 여기에 있다. 특히 돼지고기를 즐겨 먹고 감자와 약간의 야채를 버무려 만든 간소한 음식들을 선호하는데 이는 기후의 영향으로 적은 양에도 많은 영양소(비타민, 미네랄, 단백질 등)가 담긴 음식을 섭취하기 위한 방법이기도 하다.

호밀(Rye)빵과 맥주는 수세기에 걸쳐서 덴마크인들에게 없어서는 안 되는 주요한 음식이며 나중에 감자와 그레이비 소스(gravy sauce)를 추가하면서 생선이나 고기종류에도 영향을 주었다. 덴마크의 음식문화는 다름아닌 '숙성'이라고 표현할 수 있다. 수세대를 거쳐서 전해져 오는 숙성방법은 고기와 생선에 적용되어 보관을 용이하게 하였다. 덴마크는 노르웨이, 핀란드, 스웨덴과 함께 북유럽을 대표하는 국가로 이들 국가의 공통점이 고기나 생선을 숙성시켜서 훈제를 하는 조리방식을 선호한다. 한국의 남쪽 지역에서 숙성하여 먹는 홍어처럼 이들 지역에서도 생선을 숙성시켜 먹는데 청어(herring)를 숙성시켜 빵에 발라서 먹는 식습관이 있다. 일부 소비자들이 숙성된 홍어의 냄새를 싫어하기도 하지만 숙성시킨 청어의 냄새에 비하면 차라리 향기롭다고 할 수 있을 정도이다.

게다가 낙농업의 선두 국가인 만큼 고기의 모든 부분을 상품으로 만들어 내는 재주를 가지고 있는데 돼지고기의 간을 잼으로 만들어 전통 빵(Smørrebrød)에 발라 먹기도 하며 일부 지역에서는 닭의 간을 이용해서 잼으로 만들어 먹기도 한다. 그 맛은 약간 텁텁하며 마른 식감을 가지고 있는데 덴마크 남녀노소 불문하고 선호하며 미국의 땅콩버터와 같이 애용하는 제품이다.

덴마크의 요리 및 관련 용어

- **아콰비트(akvavit):** 투명한 증류주이며 알코올 성분이 42~45%로 감자나 곡류를 발효시켜 숯에 걸러서 숙성시키지 않은 양주. 덴마크인들은 스냅스(snaps)라고 함
- **버터밀크 수프(buttermilk soup):** 설탕과 버터를 발라서 구운 오트밀과 함께 제공되며 계란을 휘저어서 버터밀크에 섞어서 만든 차가운 수프

- **스칼 또는 스콜(skal or skoal)**: 스칸디나비아 지역에서 전통적으로 사용하는 용어로 한국의 '건배'와 같은 말
- **스모어 또는 스모어브로드(smorre or smorrebrod)**: 빵과 버터를 바른 샌드위치를 의미하는데 생선, 고기, 치즈, 샐러드, 빵 그리고 다른 따뜻한 메뉴들과 함께 뷔페를 의미하기도 함

스모어: 덴마크를 대표하는 샌드위치

3. 한국과 덴마크의 문화 차이 비교

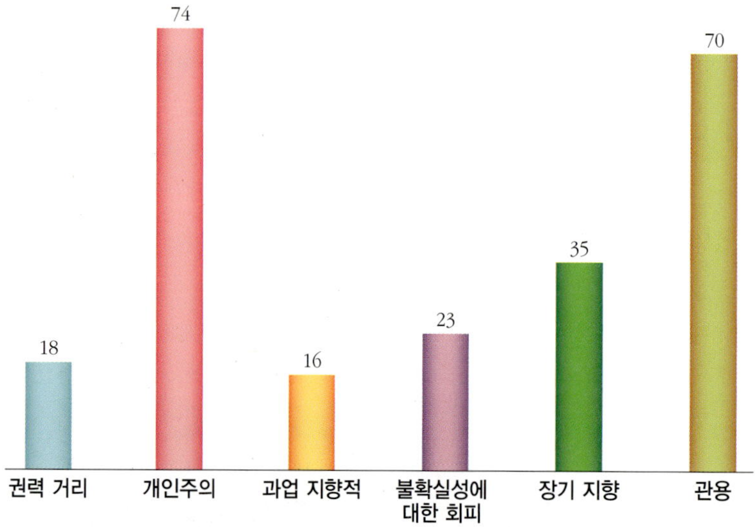

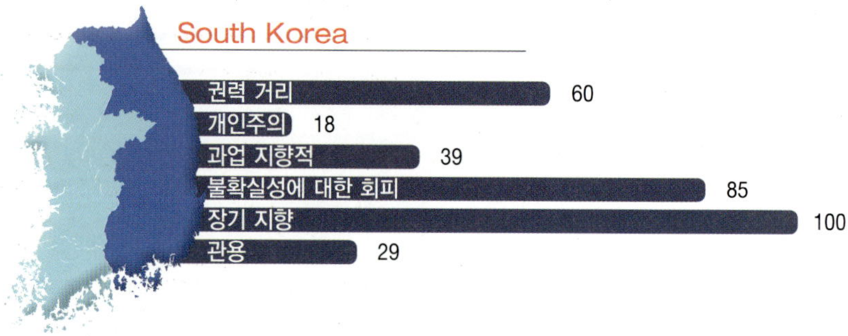

권력 거리 지수(power distance index)

덴마크와 북유럽의 국가들(스웨덴, 노르웨이)은 세계 최고의 복지를 자랑하는 국가들로서 국가가 국민들을 이끌어가는 형태라기보다는 어떠한 행위나 목표를 정하고 이를 찾아가도록 지도한다고 할 수 있다. 자율성이 매우 중요시되며 남녀노소 모두 평등하다. 국가구조 또한 중앙집권체제보다는 지자체의 역할이 훨씬 중요시되며 국가가 정한 가이드라인(guide line)이 아닌 자신이 설정하고 이를 입증하는 데에 보다 더 많은 관심이 있는 국가이다.

개인주의 vs. 집단주의(individualism vs. collectivism)

지극히 개인주의적인 사회이며 지역사회나 소속된 단체의 목소리가 크지 않고 개인의 아이디어 그리고 자기 자신 스스로를 책임지는 학습된 행동을 목격하게 된다.

과업 지향적 vs. 대인관계 지향적(masculinity vs. femininity)

대인관계에 보다 더 많은 관심을 갖는 문화권으로서 생활(삶)과 일의 균형을 맞추는 게 무엇보다 중요하다고 여긴다. 지도자는 소속 구성원들에 대하여 적극적으로 도움을 주는 역할을 하며 의사결정도 구성원의 전체적인 합의를 중요시한다.

불확실성에 대한 회피 지수(uncertainty avoidance index)

가변적인 환경에 두려움을 갖지 않으며 계획은 변화가 가능하다고 인지하고 새로운 일들이 발생하는 것도 환영한다. 호기심이 많으며 어린 시절부터 호기심에 대하여 탐구하도록 권장한다. 이러한 새로움을 추구하는 것을 권장하는 모습은 교육에서도 나타나며 한국의 롤 모델(role model)로 혁신적이고 다름이 인정되는 사회이다.

4. 덴마크의 일반적인 문화 요인들

덴마크는 북유럽의 몇몇 국가들(노르웨이, 핀란드)과 함께 유사한 인사방식을 보인다. 악수로 인사하는데 주변의 모든 사람들과 악수를 권고한다. 미국 문화와는 다르게 이름(first name)을 쉽게 부르지 않는다. 특이한 점은 사람 사이의 공간을 넓게 사용하며 한 팔 간격 정도로 두고 얘기를 나눈다. 게다가 누군가를 쓰다듬거나 만지는 것을 선호하지 않는 문화권이다.

집에 초대되어 방문하여 음식을 먹게 되면, 모든 음식을 먹어 보아야 한다. 접시에 담긴 음식은 가급적이면 비우는 게 예의이며 식사시간이 약 2시간 정도로 길다.

시간에 대한 사고가 한국과는 다를 수 있는데 정시에 도착하는 게 예의이며 도착 전에 한 번 더 확인하는 것은 매우 좋은 매너이다. 많은 유럽 국가들이 앞에서 언급하였듯이 말을 돌려서 얘기하는 것을 선호하지 않기 때문에 자신의 얘기는 확실하게 하는 게 좋다.

어느 국가나 마찬가지이겠지만, 초대된 자리에서 종교와 정치 주제는 가급적 피하는 게 좋다.

레시피

덴마크 스모어(Smorre) 샌드위치

재료

〈1인분 재료〉

식빵 - 2장(호밀로 만든 식빵이 좋다)
누텔라(nutella) 잼 또는 버터 - 2큰술
머스터드(sweet mustard) - 2큰술
시금치 - 적당량
토마토 - 2슬라이스
오이 - 2슬라이스

조리방법

1. 식빵 위에 버터, 머스터드 소스를 바른다.
2. 나머지 재료를 얹으면 된다.
3. 북유럽의 오픈 샌드위치를 즐기고 싶으면 식빵을 한 장만 사용하여 덮지 않으면 된다.

Tips 1: 덴마크, 노르웨이, 핀란드, 스웨덴은 공통적으로 한국의 숙성시킨 홍어와 비슷한 생선(청어)을 얹어 먹는 것을 선호하며, 육류는 가급적 덜 익힌 것(rare)을 선호한다. 샌드위치에도 얹으면 북유럽의 맛을 즐길 수 있다.

Tips 2: 더불어, 북유럽은 캐비어(caviar: 상어 알)의 가격이 상대적으로 저렴하여 샌드위치에 치즈와 함께 얹어 먹어도 좋다.

독일 Germany

1. 독일의 다양한 환경 요인

독일인의 삶

유럽의 서쪽에 위치해 있으며 한국과 유사하게 산맥이 많으며 라인강(Rhine)이 흐르는 국가이다. 자체 생산하는 농업 생산량은 약 3%에 그치고 있어서 많은 식 재료들을 수입한다.

독일인들을 떠올릴 때, 전쟁, 강직, 친절, 근면이라는 단어를 연상할 수 있다. 1·2차 세계 대전과, 주어진 업무를 수행할 때의 묵묵히 일하는 모습 그리고 꼼꼼함은 기술사회의 표본이 되는 국가이다. 이러한 문화는 어릴 적부터 청결함과 동시에 공손함과 예의 그리로 막중한 책임감을 가르치고 배움으로써 나타난 결과이다(Buse & Doerr, 1998).

헨젤과 그레텔(Hansel and Gretel)의 음식과 연계되어 잘 알려진 이솝 이야기의 나라이기도 하다. 한때는 분단된 국가로 동독과 서독으로 구분되어 동독은 러시아의 문화와 유사하였고 서독은 현대의 독일인과 유사한 문화를 가지고 있었다. 통일이 되고 난 후에는 북부와 남부로 나눠지는 문화를 엿볼 수 있다. 독일의 북부지역(함부르크, 베를린)은 다소 투박한 면을 보여 준다. 장어(aalsuppe: 알주페)와 해산물(eintopf: 아인톱)을 이용하여 만든 수프가 유명하며 콩 수프도 잘 알려진 메뉴이다.

반면에 남부지역(프랑크푸르트)은 정직하면서 근면한 삶의 태도를 보인다고 하는데 대표음식으로는 핫도그처럼 생긴 다양한 소시지를 맛볼 수 있다. 한국에서 맛보는 많은 독일 메뉴들은 독일의 남부 음식과 유사하며 소시지에 양파와 사과를 버무려서 감자를 같이 먹는 음식문화가 있다. 하지만 소시지는 남부뿐만 아니라 독일 전역에서 애용되는 대표적인 메뉴이다(a SAUSAGE HAS TWO).

사우어브라튼(sauerbraten)

독일의 음식은 대체로 간소하지만(simple yet heavy) 고기와 빵을 곁들여 많은 양을 소비한다. 감자를 이용한 요리는 유럽의 북쪽에 위치한 국가들의 공통 메뉴이다. 독일인들은 감자를 배, 콩 그리고 베이컨과 함께 요리한 음식을 선호하며 스튜를 만들어 즐기기도 한다. 돼지, 소 그리고 송아지 고기를 구운 사우어브라튼(sauerbraten)이 유명하며 각 지역에 따라서 허브의 종류를 달리하여 요리한다.

유럽국가들과 유사하게 식탁에는 빵과 귀리(oats, 오트), 밀, 보리 등의 곡류로 만든 죽(gruels)이 제공되며, 베리 종류가 많고 고기를 꼬챙이에 꽂아 굽는 것이 독일의 전통적 음식문화이다. 호밀빵, 펌퍼니클(pumpernickel: 통호밀빵의 종류로 색이 어둡고 결이 촘촘하다), 사우어 도우(sour dough breads: 발효빵의 일종으로 신맛이 난다) 등 다양한 빵 종류가 있는데 다소 시큼한 맛을 선호하는 특징이 있다.

호밀빵

펌퍼니클(pumpernickel)

독일인의 기념일

옥토버페스트(Oktoberfest)는 세계적으로 유명한 축제이며 뮌휀에서 10월에 열리는 것으로 알려져 있지만, 9월의 마지막 주에 열리며 약 16~18일의 기간 동안 지속되며 전 세계에서 약 600만 명의 방문객이 찾는다. 큰 맥주컵(bier stein)에 맥주와 다양한 소시지를 함께 먹고 마시는 모습이 이 축제의 대표적 광경이라고 할 수 있다. 이 축제는 맥주의 대향연이라 불릴 만큼 다양한 종류의 맥주를 맛볼 수 있는데, 약 1,200여 개의 맥주 공장에서 제조되고 있는 5,000여 개의 다양한 맥주를 경험할 수 있다.

음악과 영화축제로도 유명한 독일은 클래식 음악을 즐기는 방문객들을 위해 요한 세바스찬 바흐(Johann Sebastian Bach)와 관련한 다양한 행사를 진행하고 있으며, 칸, 베니스 영화 축제와 함께 세계적으로 손꼽히는 베를린 영화 축제도 있다.

독일은 다른 가톨릭 국가와 기념일이 유사한데 이스터(Easter: 부활절), 크리스마스(Christmas) 그리고 새해 전날(New Year's Eve)에 모여서 음식을 먹는 관습이 있다. 이스터는 4일 동안 진행되는데 금요일에는 생선을 먹고, 토요일에 양고기(lamb)와 토끼모양의 케이크 등 음식을 장만해 먹으며 일요일에는 색칠된 삶은 계란을 찾는 행사가 진행된다. 마지막 날인 월요일에는 주말에 걸쳐서 남은 음식을 가족과 함께 나누는 시간을 가진다.

많은 종교적이고 지역적인 축제들은 독일 전역에 걸쳐 이뤄지며 지역에 따라 그들의 관습과 음식을 달리한다. 남부 지역에서는 가톨릭이 우세한 반면 북부 지역에서는 신교도가 많은 편이다. 전통적인 관습을 살펴보면 장례식장에선 플레인 케이크와 빵, 치즈를 먹는 반면, 결혼식과 같은 축복을 겸하는 행사에는 와인과 함께 다양한 종류의 음식을 먹으며 폴터아벤트(polterabend: 그릇을 깨는 관습, 깨진 그릇이 행운을 가져온다고 믿음)를 함께한다. 지금은 옛 전통문화를 찾기가 어려워지고 있으나 저녁 만찬 후에 남자들만이 둘러앉아서 그들만의 얘기를 나누는 시간(herrrenabend)이 있으며 일반적으로 독일의 맥주를 마시는 시간으로 인식된다.

새해 전날에는 연어로 만든 수프를 먹으며 가족끼리 조용하게 보내게 된다. 수프는 연어 전체를 부드럽게 하기 위해 맥주를 부어 소스를 만들어서 양념이 잘 배도록 졸이고, 생강쿠키(ginger cookies)의 부스러기와, 레몬 껍질, 아몬드 그리고 건포도를 이용해 전통적인 방법으로 조리한다. 다양한 구운 빵들이 제공되며, 가톨릭 교도들은 새해 전날 고기를 먹지 않는 관습이 있으나 그러한 모습은 점점 희미해지고 있다.

울적할 수 있는 한 겨울에는 모두에게 가장 재미있는 축제기간을 보낸다. 파싱(Fasching: 사육제)이라고 불리는 이 축제는 대부분의 지역에서 11월 11일 11시 11분에 열리며 매년 조금씩 다를 수 있는데 이스터(Easter)가 언제 있는지에 따라서 조금씩 달라질 수 있다. 이 기간에는 약 3일 동안 특별한 코스튬(costume: 옷이나 얼굴을 분장하는 것)과 마스크, 퍼레이드, 파티를 하며 한 해에 열리는 다른 그 어떤 축제와 비교할 수 없이 먹고 놀고 마시는 축제이다. 이 축제기간에는 '파스트나하츠크라펜(fastnachtskrapfen)'이라고 불리는 꽈배기 도넛과 '보크(bock)'라 불리는 맥주를 맛볼 수 있으며 '보크부르스트(bockwurst: 독일의 삶아먹는 소시지를 말한다)' 역시 이 기간에 많이 소비되는 음식이다(a SAUSAGE HAS TWO).

2. 독일인들의 식사와 관습

콜슬로(coleslaw)

많은 나라의 음식 예절이 다르겠지만 팔꿈치를 테이블 위에 두지 않는 것은 공통적이다. 중국의 음식 예절과는 다소 다르게도 음식을 접시에 남겨두는 것을 좋아하지 않는다.

조식으로는 간단한 고기와, 계란, 치즈, 잼을 바른 빵(rolls)을 즐기며 커피나 차를 같이 마신다. 한국의 아점(아침과 점심 사이의 간식개념)과 유사하게 다소 늦은 아침을 먹는 사람들은 일반적으로 고기와 치즈를 얹은 샌드위치를 먹는다. 점심이 하루의 대표적인 식사 형태를 보인다. 이때 먹고 소화시킬 수 있는 약 2시간이 주어지는 넉넉한 시간에 수프로 시작하는 정찬을 한다. 저녁은 점심에 비해 다소 편안하게 먹으며 차가운 음식을 먹는데 치즈와 고기를 얹은 샌드위치에 콜슬로(coleslaw: 양배추를 마요네즈에 버무린 음식)와 과일을 주로 먹는다.

주변 가족들과 함께 식사하는 것을 즐겨 하며 자식들의 친구는 하나의 가족 구성원처럼 가깝게 대해 주며 오랜 전통을 고집하는 것도 그들 문화의 일부분이다. 이뿐만 아니라 약속시간에 늦지 않게 도착하는 것, 손에 키스하는 것 등 여전히 관습적으로 남아 있는 것들이 있으며, 지인의 집에 초대되어 갈 때는 꽃을 한 다발 사가는 것이 예의이다. 악수는 확실히 지켜져야 할 예절이고, 재미있는 부분은 독일사람들이 다른 어떤 국가에 비해서 많은 악수를 한다는 사실은 아마도 유머가 부족한 부분을 채워 주고 있기 때문으로 사료된다.

3. 한국과 독일의 문화 차이 비교

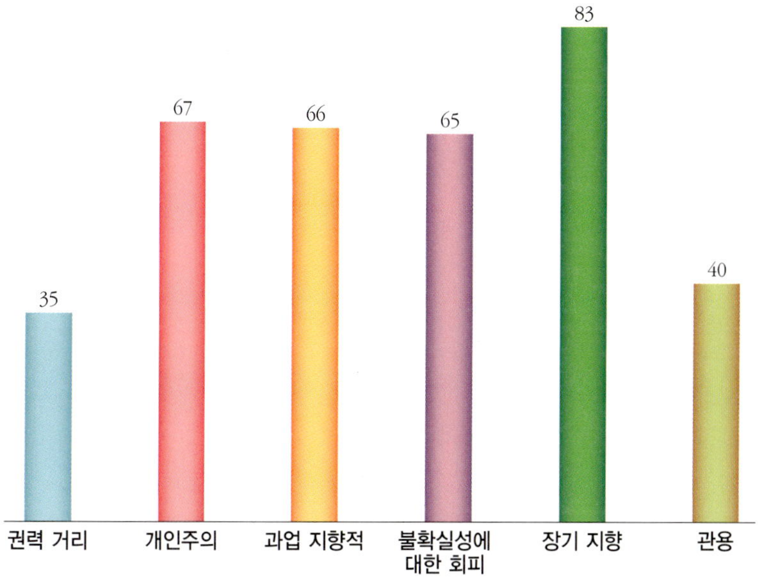

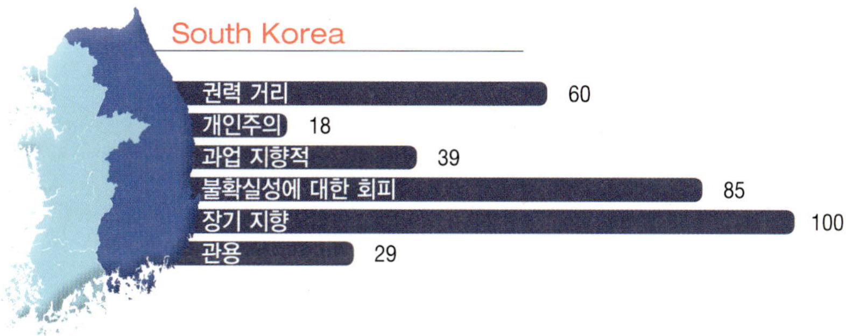

권력 거리 지수(power distance index)

권력은 중앙집권적이기보다는 지자체에 많은 권한을 위임하고 있으며 중산층의 입김이 매우 강한 국가이다. 역사적으로 '강하다'는 이미지를 심어 주었던 문화이지만 제2차 세계 대전 이후부터는 지속적으로 권력 분배에 초점을 두었다. 이에 대하여 세계 대전을 주도했던 국가로서의 책임 있는 행동으로 이해되기도 한다.

개인주의 vs. 집단주의(individualism vs. collectivism)

독일은 가족 간의 관계를 중요시하는 개인주의적 문화이며 자아실현(自我實現) 정신이 매우 강하다. 근면과 책임감이 개개인의 '됨'을 측정하는 중요한 덕목(德目)이 되는 것으로 인지하고 있다.

과업 지향적 vs. 대인관계 지향적(masculinity vs. femininity)

도전적인 정신이 문화의 기조를 형성하고 있으며 어린 시절부터 과업을 성취하는 교육을 받고 성장한다. 개개인은 '일을 하기 위해 산다(live in order to work)'라는 정신이 강하며 자아(自我)에 대한 인식이 매우 강하다.

불확실성에 대한 회피 지수(uncertainty avoidance index)

역사적으로 위대한 철학가들을 배출한 국가의 특성을 파악하여 보면 일반적인 원칙에 기초하여 구체적인 방법을 추구하는 모습을 보인다. 즉, 연역적인 사고를 지니고 있다. 체계적인 환경에 따라서 업무가 진행되기를 소원하며 그에 맞추어 결과를 도출하려는 성격이 강하다.

4. 독일의 일반적인 문화 요인들

독일, 벨기에, 프랑스는 인사법이 다소 유사한데 볼에 키스를 한다. 악수는 많은 국가에서 인지하고 있는 인사법이기에 어색하지는 않다. 북유럽과 유사한 점은 사람 간의 공간을 중시하기 때문에 한 팔 간격을 두는 것이 좋다.

독일은 유럽의 다른 국가들보다 일찍 음주를 허용한다. 일반적으로 14세이면 술을 구입하고 마실 수 있다. 물론 이에 대한 찬반여론은 많다.

식사예절은 팔꿈치를 식탁 위에 두지 않으며, 손을 무릎 위에 올려 두지 않는다. 의사소통은 간결하면서 직설적인 화법을 사용한다.

레시피 독일 족발(슈바인스학세, schweinshaxe)

재료

〈4인분 재료〉

양파 - 3개
돼지 족발 - 4개
마늘 - 8개
코셔(Kosher) 소금 - 2큰술
맥주 - 500cc

조리방법

1. 오븐을 180℃에 예열시킨다.
2. 베이킹 팬(맥주가 안 넘치는 깊이)에 양파를 썰어서 밑에 깐다.
3. 마늘을 으깨서 족발에 골고루 묻히고 양파 위에 놓는다.
4. 소금도 족발에 잘 문지른다.
5. 족발의 고기가 있는 부분이 밑으로 향하게 하여 팬에 올린다.
6. 맥주를 붓는다.
7. 예열된 오븐에 3시간 동안 굽는다.
   * 육수가 마르면 뜨거운 물 1컵을 간간이 넣어도 된다.
8. 서빙(serving)할 때에는 삶은 감자와 양배추 피클(sauerkraut, 사우어크라우트)을 함께 내어 놓는다.

헝가리 Hungary

1. 헝가리의 다양한 환경 요인

헝가리인의 삶

헝가리는 유럽의 중앙에 위치한 국가로 비옥한 토양을 자랑하고 밀, 호밀, 감자를 생산하며 돼지고기를 이용한 요리가 발달된 국가이다. 현대사회에서 헝가리는 경제적으로 넉넉하지 못한 이유로 인해서 유럽의 다른 국가들에 비하여 음식을 저장하는 기술이 발달되어 있지 않다.

역사적으로, 세계 대전의 영향으로 유럽의 많은 국가의 삶이 변화되었으며 헝가리 또한 계급의 차이를 철폐하는 급진적인 변화를 맞이하게 되었다. 그 이전의 삶은 계급의 차이가 있었고 귀족들 사이에서도 특별한 음식문화가 있었다. 다양한 코스로 호화스럽고 예술적으로 잘 준비된 식사가 제공되고 이들의 가정에는 요리사와 하인을 거느린 모습을 볼 수 있었다. 이러한 역사적 배경은 현대 헝가리 음식의 기원이 되었다.

이에 반해 소작농의 음식문화는 조촐하였다. 베이컨과 빵 그리고 수프와 같이 한국의 삼첩반상이 주를 이루었다. 음식을 조리하는 방법 또한 간단하였는데 베이컨은 장작불 위에서 구웠고 빵 또한 이러한 조리 환경에 맞춰 야외의 오븐에서 구웠다. 수프는 'Bogracs'라는 큰 냄비에 고기와 야채를 곁들여서 오랫동안 끓인 굴라시(goulash)를 즐겼다(Kovách & Kučerová, 2006).

헝가리의 전통 음식문화는 빈부의 격차가 심각했고 소작농들은 음식재료를 구입할 만한 재원도 없었다. 소박한 소작농의 음식문화는 현대사회에서 헝가리인들이 여전히 야외의 오븐을 이용하여 제빵을 하는 근원이 되기도 하였다(Kittler et al., 2011).

또한, 헝가리의 음식은 유럽의 음식문화뿐만 아니라 아시아의 성격을 포함하고 있다. 이는 16세기 터키의 침략에 의해 들여온 다양한 허브들 중에서 파프리카(paprika: 고추의 한 종류로 한국의 고춧가루와 유사함)와 필로(phyllo: 얇은 반죽으로 제빵에 사용되는 페이스트리 재료)가 아시아에서 건너온 대표적인 재료로 알려져 있으며 커피도 동시대에 유입되었다고 한다. 게다가 오스트리아와 독일의 지배에 있었던 영향이 음식문화에도 고스란히 남아 있다(Kittler et al., 2011; http://hungaria.org).

헝가리 음식 중 파프리카(고춧가루)를 이용한 매콤한 수프가 유명하다. 이 수프 위에 크림(cream) 또는 사워크림(sour cream: 유산균으로 발효시켜 만든 크림으로 서양식 요리에 자주 쓰임)을 얹힌 요리들이 많다. 한국의 만두와 같이 고기를 다져서 양배추나 쌀과 함께 버무려서 필로에 싸고(wrapped with phyllo dough) 찌는 요리도 선호하는 음식이다. 필로 반죽 안에 사과, 체리 등의 과일종류를 넣어서 잘 말아서 구운 요리는 전 세계적으로 유명하다(strudel: 필로 사이사이에 과일잼을 넣어서 바삭바삭하게 구운 디저트. 오스트리아의 디저트라고도 하여 약간의 논쟁이 있음).

헝가리, 체코 및 오스트리아의 대표 음식 굴라시(goulash: 빵과 함께 먹으며 걸쭉하게 만든 스튜)

꼴레뇨(koleno: 돼지 무릎을 구운 요리)

헝가리인의 기념일

헝가리인의 2/3는 로마 가톨릭교이고 나머지는 신교도로 추정된다. 헝가리에 많았던 유대교인들은 나치정권 아래에 몰살되었거나 다른 나라로 탈출하기도 하였고, 소수만 남아 있는 상태이다. 종교적인 활동은 공산주의 정권 아래에 그리 크게 장려되지 않았고 대부분의 수도회나 수도원은 현재는 국유재산이다.

아마도 헝가리에서 가장 중요한 축제는 부활절(Husvet)일 것이다. 부활절은 사순절 시작 전 화요일에 시작하는데, '고기를 먹는 날'로 알려져 있으며, 봄의 씨앗을 심는 날과 똑같은 날로서 각종 야채와 양귀비 씨 그리고 옥수수 씨 파종을 준비한다(Dégh, 1989).

헝가리는 특히 페이스트리(pastries: 제과제빵)가 잘 알려져 있으며 코티지 치즈를 자주 사용하며 위에서 언급하였던 메뉴들에도 함께 포함되어 요리된다. 이들의 전통은 시큼한 계란과 청어로 만든 샐러드를 기념일에 먹는 관습이 있으며 양귀비씨(poppy seed)를 곁들여 만든 케이크인 베이글리(Beigli: Hungarian poppy seed & walnut rolls)가 유명하다.

헝가리에서 생선구이는 뒤집어서 먹지 않는 미신적인 요소가 있는데 생선을 뒤집어서 먹으면 생선을 잡는 배가 뒤집힌다고 믿기 때문이다.

헝가리 현지 식당에서 볼 수 있는 굴라시(오른쪽), 오일파스타(위쪽), 칼조네(왼쪽, calzone: 피자와 비슷하지만 한국의 계란말이처럼 양쪽 끝을 말아서 요리함)

2. 한국과 헝가리의 문화 차이 비교

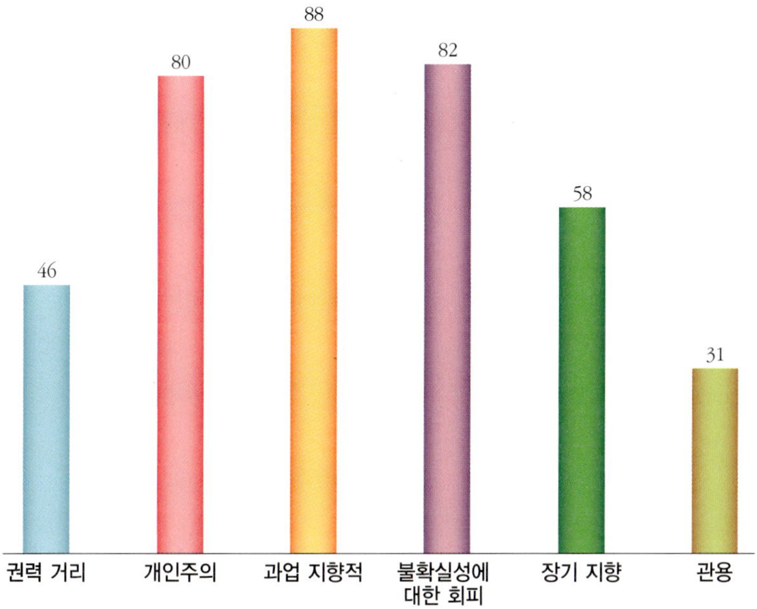

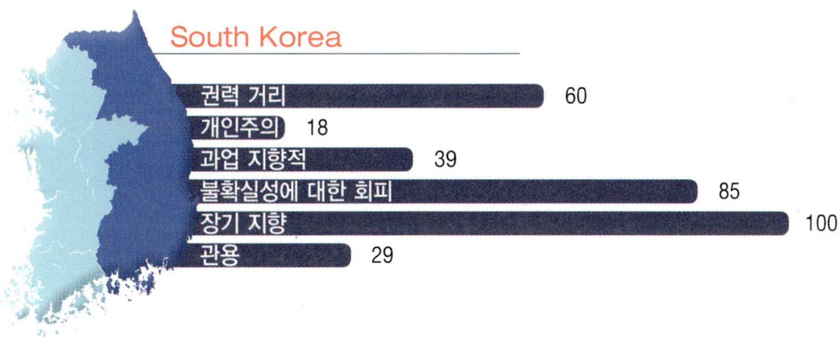

권력 거리 지수(power distance index)

헝가리의 권력 거리 지수는 다소 낮은 편에 속한다. 독립적이며, 계층이 분류되어 있는 듯하지만 이는 편의에 목적을 두고 있을 뿐이다. 권력 간의 다툼보다는 격려와 지도를 하며 권력은 분산화되어 있어서 소속 구성원의 경험이나 전문지식을 받아들이는 문화이다.

개인주의 vs. 집단주의(individualism vs. collectivism)

개인주의 색채가 많은 국가이며 소속 구성원의 단합보다는 개인의 책임감을 중요시한다. 상대방의 행위에 대한 공격은 매우 부적절하게 받아들이고 심지어는 그 상대방의 비즈니스에 대해 참견하는 것은 개인의 자아를 상실하게 할 수도 있다고 여긴다.

과업 지향적 vs. 대인관계 지향적(masculinity vs. femininity)

과업 지향적인 사회이며 일반적으로 '일을 하기 위해 살고 있다(live in order to work)'는 정신이 깃들어 있다. 결정을 할 때 확신적이며 다소 공격적인 성향을 드러내기도 한다. 즉 과업의 성취를 위한 경쟁과 갈등이 존재하는 사회이다.

불확실성에 대한 회피 지수(uncertainty avoidance index)

가변적인 환경을 선호하지 않으며 예측되지 않는 이슈들에 대하여 인내심이 부족한 편이다. 시간이 곧 돈이라는 인식이 깔려 있으며 새로운 업무의 발생을 달가워하지 않는다.

3. 헝가리의 일반적인 문화 요인들

헝가리인들은 악수나 포옹(hug)을 통해 인사를 나눈다. 물론 볼에 키스를 하여 인사를 하고 여성과의 악수는 여성이 우선 청하여 악수를 해야 한다고 한다. 유럽의 다른 국가들과 유사하게 한 팔 간격의 공간을 두고 얘기를 하며 주의해야 할 부분은 검지로 가리키는 표현은 좋지 못하다. 한국에서도 검지로 가리키는 표현을 종종 '삿대질'로 오인하는 경우가 있는 것과 유사하다고 이해하면 된다.

식사 자리에서는 사업적인 목적으로 이루어진 자리에서는 어쩔 수 없겠지만 일반 가정의 식사시간에 비즈니스와 관련한 얘기를 선호하지 않는다. 식탁에 있는 음식은 가급적 다 먹어 보는 것을 권유하며, 접시에 담긴 음식은 조금 남겨 두는 것이 예의이다. 손을 무릎 위에 두는 것과 팔꿈치를 식탁 위에 두는 것은 적절하지 못하다. 음료를 더 이상 마시지 않을 때에는 다 비우지 말고 반쯤 남겨 둔다. 의사 표현 방법은 독일, 프랑스와 유사하게 직설적인 편이다.

레시피

헝가리 굴라시(goulash)

재료

〈4인분 재료〉

버터-3큰술(전통적으로는 돼지 비계를 사용함)

양파-2개, 마늘-5개

파프리카-¼컵(고춧가루, 피망이 아님)

소고기(한입보다 작은 크기로 썰음)-500g

피망-3개(색깔 별로 하나 또는 두 개씩)

토마토-2개

당근-2개, 감자-2개

소고기 육수-5컵

월계수 잎-1개

소금-1작은술

후춧가루-½작은술

조리방법

1. 큰 냄비(오븐에서 요리할 때 사용하는 냄비, skillet)에 버터를 넣고 중~센 불에서 녹인다.
2. 양파를 넣고 약 5~6분 정도 볶는다.
3. 불을 끄고 파프리카 가루를 넣은 후 골고루 저어 준다.
4. 소고기, 마늘을 넣어서 다시 불에서 10분 정도 볶아 준다.
5. 피망, 당근, 토마토, 감자, 월계수 잎, 소금, 후춧가루 그리고 소고기 육수를 함께 넣어 준다.
6. 뚜껑을 닫고 중~약 불에서 약 2시간 동안 천천히 끓인다.

Tips: 실제 오븐을 사용하면 시간을 절약할 수 있다. 불에서 요리할 때는 불의 크기에 따라서 소고기 육수의 양이 더 필요할 수 있으며 가급적 오랫동안 푹 끓여야 고기가 질기지 않고 부드러운 식감을 맛볼 수 있다.

그리스 Greece

1. 그리스의 다양한 환경 요인

그리스인의 삶

고대 문화유산의 발생지라고 할 수 있는 그리스는 문학, 철학, 수학, 정치 및 삶에 관한 풍부한 역사와 문헌을 보유하고 있으며 에게해와 인접하여 터키와의 정치적 앙숙관계라고 칭해지는 이 국가는 국토의 4/5가 산과 많은 섬으로 구성되어 있다. 인근 국가로는 불가리아, 마케도니아, 알바니아가 등이 있으며 그리스의 북부 국경지대가 겹친다(Sutton&Adams, 2000).

수천 년에 걸친 그리스의 전통 음식문화는 포도잎으로 싸서 먹는 돌마데스(Ντολμάδες)가 유명하다. 전통적으로는 포도잎으로 음식재료를 싸서 먹었지만 한국의 쌈밥과 유사하게 다양한 재료를 이용해서 싸서 먹는 조리법이 있다. 다양한 잎채소를 장아찌처럼 익혀 두었다가 쌈을 싸서 먹는다. 그리스에는 지중해성 기후의 영향으로 풍부한 과일이 자라나는데 대표적으로는 오렌지, 올리브, 대추, 아몬드, 무화과 등이 있다(Dalby, 2013).

다양한 분야의 전통을 자랑하는 만큼 조리법을 담은 요리책자도 기원전 350여 년부터 기록물로 남아 있다. 그리스는 유럽과 아시아의 영향을 받았던 흔적이 발견되고 있다. 요거트, 쌀, 견과류 및 참깨 등은 중동지역을 경유해서 그리스로 전해졌다고 하며, 쿠민(cumin: 갈색으로 카레 요리나 돼지고기 요리에 사용되는 향이 강한 식재료), 시나몬(cinnamon: 계피), 클로브(cloves: 정향) 등 다양한 향신료도 아시아 식재료의 영향을 보여 준다. 반면에 파스타를 응용하는 재료들은 유럽의 영향을 받은 것으로 보인다.

신선한 과일과 야채는 그리스의 식문화에 깊게 배어 있다. 바닷가와 인접한 곳에서는 생선과 해산물 요리 또한 자주 접하게 되며 내륙지방으로 갈수록 고기와 치즈를 사용한 음식이 많다.

널리 알려진 그리스의 음식문화는 버터와 치즈 그리고 특히 요거트를 들 수 있는데 이에 대한 영양정보를 제공하고 다양한 방법으로 저장하는 법(건조, 캔 포장, 염장 또는 절임법) 또한 널리 교육되고 있다. 잘 알려진 요리 중 하나인 아브골레모노(avgolemono: egg-Lemon soup) 수프는 치킨 육수를 쌀과 함께 끓여서 계란을 풀어 레몬즙을 넣어서 만든 메뉴로 피타 빵(pita bread)과 함께 먹으며 그리스의 이스터(Easter) 기념 수프이기도 하다.

그리스인의 기념일

그리스는 그리스 정교회를 믿으며 부활절과 크리스마스에 많은 의미를 두고 있다. 그리스에서 부활절은 예수의 처형보다 부활에 초점을 맞춘 행사로 매우 중요한 의미로 인식된다. 이 기간은 길거리 퍼레이드를 하며 코스튬과 다양한 파티를 하며 2주 동안 활기차게 즐기는 시간으로 사순절 전까지 이어진다. 40일간의 사순절(Lent: 예수가 고난을 겪기 전의 주일을 제외한 40일의 기간)은 엄숙하게 빵과 올리브, 채소, 곡물, 콩, 그리고 과일을 포함한 식단으로만 지낸다. 대부분의 그리스 사람들은 사순절 동안 단식의 전통을 엄격하게 지키며, 독실한 신자들은 40일 동안 금욕적인 생활을 하기도 한다.

전통적인 그리스 정교회에서 단식은 엄격한 관리하에 진행되며 음식은 채소와 과일, 곡류, 빵, 올리브 등이 포함되지만, 고기나 생선과 같은 육류는 섭취하지 않으며 와인 또한 마시지 않는다. 심지어 규율에 정해진 음식이 아닌 독특한 다른 음식을 준비해 먹더라도 과중한 세금을 부과하였다(Sherratt, 1991).

비록 이러한 풍경은 지금의 그리스에서는 찾아보기 어려운 관습이지만 오랜 세대에 걸쳐 내려오는 관습이었던 것으로 미루어 볼 때 고기가 귀했던 시대상을 반영하고 있는 것을 알 수 있다. 신에게 숭배의 의미로 고기를 제물로 바치면서 제사

장과 이를 주관하는 사제들이 고기(주로 소와 양)를 소비하고 남은 재료는 한국의 탕처럼 갖가지 야채를 함께 우려내어 빵과 함께 먹는 식습관이 있다(Kosmetatou, 1993). 이슬람권역은 아니지만 고기는 대부분 양고기를 섭취한다. 이러한 이슬람 권역의 문화를 공유하고 있는 이유는 터키에 의해 점령되었던 400여 년의 역사적 사실에 기초한 것이다.

그리스는 미신적인 종교에 대한 믿음도 존재하는 국가이다. 특히 크리스마스와 주 공현대축일(Epiphany: 1월 6일) 기간에 'kallikandzaris'라는 절름발이 유령이 음식에 독을 타고 사람들을 겁주기 위해 나타난다고 알려져 있다. 이 기간 동안 각 가정에서는 모든 식용 소금을 숨기고, 집을 환하게 밝히며, 집의 입구에(대문 또는 창문) X 모양의 문양을 거는 전통이 있는데 이는 유령의 공격으로부터 보호 받을 수 있을 것이라는 믿음 때문이다(Petridou, 2016).

부활절 즈음에 즐겨 먹는 메뉴로는 허브와 양념에 곁들인 구운 양고기, 메이어릿사(mayeritsa: 양고기와 뼈를 야채와 우려낸 수프), 이스터 빵으로 잘 알려진 램브롭소마(lambropsoma) 등이 있으며 버터쿠키(butter cookies)와 허니파이(honey pie)도 즐겨 먹는다.

그리스의 식사와 관습

그리스 사람들의 조식은 빵, 치즈, 과일 그리고 커피를 주로 하며, 시골 지역의 삶은 도시 생활에 비해 상대적으로 시간적인 여유가 있어서 집에서 식사를 한다. 주로 빵, 야채, 치즈, 올리브, 찍어 먹는 소스 그리고 수프를 먹는 것이 일반적이다. 유럽의 많은 국가와 유사하게 저녁 식사시간이 다소 늦은 9~10시경에 이루어진다. 그리스는 특히, 식사를 함께 먹는 습관이 있는데 이는 문화적으로 많은 유럽국가들이 개인주의적 성격을 보이는 반면에 그리스는 동양과 서양의 중간지대에 있으면서 다소 집단적인 음식문화를 보이고 있다. 그런 영향으로 음식은 음료를 포함하여 항상 친구들과 함께 즐기며 먹어야 한다고 생각한다. 그리스 남자들은 항상 친구들과 함께하는 것을 선호하며, 낯선 이방인이더라도 손님을 초대해 음식을 나누는 것이 최고의 영예라고 여겼다. 하지만 이러한 그들의 전통방식을 중시하는 문화는 수년에 걸친 재정적 위기로 희미해져 가고 있다.

한 예로, '필로티모(philotimo)'는 그리스인들이 손님을 어떻게 극진하게 대우하는지에 대한 표현이다. 물론 이에 대한 부작용은 준비한 음식을 손님이 좋아하지 않고 남길 때에 심한 모욕으로 이해하기도 한다. 심한 경우에는 그들이 모시는 신에 대한 모욕이나 조롱으로 생각하기도 한다(Georgas, 1989).

그러한 이유로 초대를 받아서 방문할 때에는 식사시간을 피하여 늦은 오후에 방문하라고 제안을 하기도 한다. 앞서 언급하였듯이 아시아 문화의 영향을 받은 흔적은 음식을 공유할 때도 찾을 수 있다. 특히 스푼으로 떠먹을 수 있는 음식들은 다 같이 한 접시에 담아서 나이가 많은 사람이 먼저 식사를 하며 한국의 축사처럼 'Yasas!'라고 하여 식사를 시작하며 마침도 유사하게 하는데 이 의미는 '건강을 위하여'라고 해석된다.

그리스의 가지요리.
여기에 고기를 넣어 페이스트리를 위에 얹으면 '무사카'가 되며 치즈를 위에 얹어 구우면 멜리츠자네 파포차키아(melitzanes papoutsakia)가 된다.

그리스 수블라키(suvlaki) 꼬치와 피타(pita) 빵

수블라키를 피타빵에 싸서 먹기도 한다.

2. 한국과 그리스의 문화 차이 비교

한국과 유사성을 보이는 유럽국가가 있다면 단연 그리스가 될 것이다.

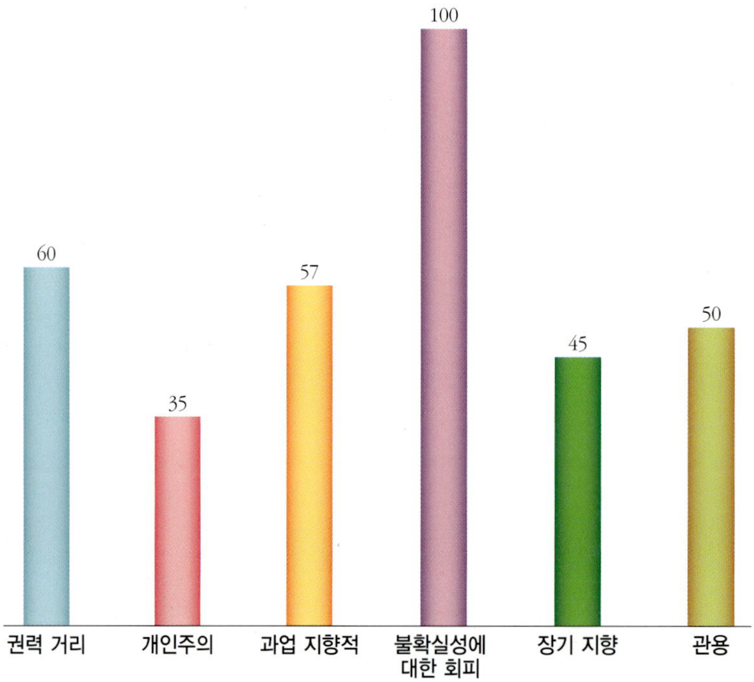

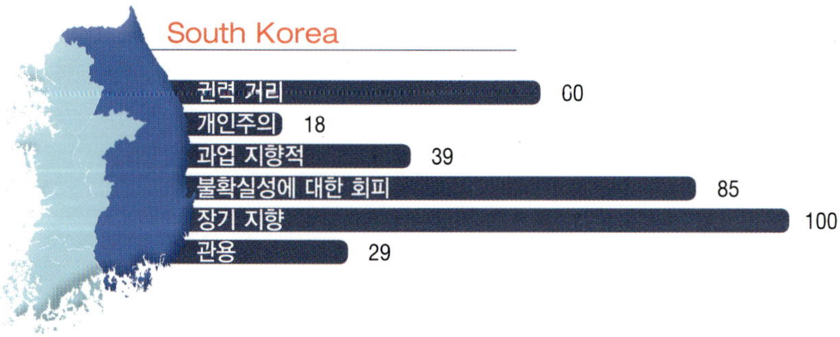

권력 거리 지수(power distance index)

한국과 유사한 권력의 분배를 가지고 있는 국가이다. 지수(index)는 60으로 평균(0~120)을 보이고 있지만 실제 다른 나라들과의 비교에서는 조금 높은 편에 속한다. 계층적인 갈등이 있고 소수의 계층이 많은 권력을 갖고 있기에 최근의 국가 재정위기에서도 국민들의 분노가 권력을 가진 계층에게로 향하였다. 한국과 유사하게 어른에 대한 공경심이 배어 있는 국가이다.

개인주의 vs. 집단주의(individualism vs. collectivism)

집단주의 사회로 '우리'를 강조한다. 사회 전반적으로도 지인의 역할이 중요하게 받아들여지는데 '관계(關係)'에 의해서 사회 곳곳이 운영된다고 할 정도이다. 개인주의 문화에서 친족주의(nepotism)로 오해받을 수 있지만 그리스의 문화에서는 허용되는 분위기이다.

과업 지향적 vs. 대인관계 지향적(masculinity vs. femininity)

과업 지향적이지만 그 수치가 강하지는 않다. 성공에 대한 욕구가 강하며 남성은 가족을 부양하려는 책임의식이 높은데, 이는 가족 구성원의 성공은 가족전체의 성공으로 받아들이기 때문이다.

불확실성에 대한 회피 지수(uncertainty avoidance index)

모호한 환경에 대하여 매우 민감하게 받아들이는 사회이다. 예측하지 못한 돌발상황에 대하여 불안감을 나타내며 규율, 규칙이 사회를 안전하게 만든다는 굳은 신념이 존재한다. 의사 표현에 있어서 비언어(body language)를 자주 사용하는 것을 목격할 수 있다.

3. 그리스의 일반적인 문화 요인들

그리스인들의 인사는 포옹, 볼에 키스를 하거나 악수를 한다. 한 팔 간격 정도의 거리를 두고 얘기를 하고 의사 표현은 직설법에 가깝다. 검지로 가리키는 행위는 좋지 않게 평가한다.

식사예절은 초대받은 곳에 차려진 음식은 되도록 다 먹어보는 것이 예의이며 접시에 담긴 음식은 조금 남기는 게 좋다. 식사시간에는 비즈니스와 연계된 주제는 선호하지 않으며 음료를 더 이상 원하지 않으면 절반 가량을 남기면 된다. 물론 유럽의 다른 국가들과 유사하게 식사시간에 손을 무릎 위에 두어서는 안 되며 팔꿈치도 식탁 위에 걸쳐져 있는 것을 좋아하지 않는다. 참고로 13이라는 숫자를 선호하지 않기 때문에 꽃을 선물할 때 유의하는 게 좋다.

레시피

그리스의 수블라키(Souvlaki)

재료

〈8인분 재료〉

닭가슴살-4개(약 1㎏), 올리브 오일-4큰술
레몬-1개, 마늘-1개, 오레가노-2큰술
소금, 후춧가루-약간
꼬치(꼬챙이)-8개

〈소스 재료〉

오이-1개, 마늘-2개
올리브 오일-¼컵
요거트-500g
와인 식초-2큰술, 소금-약간

조리방법

1. 치킨을 약 2㎝ 크기로 자르고, 큰 그릇에 담아서 위 재료와 함께 잘 버무려 1시간 동안 재운다.
2. 소스를 만들기 위해 블렌더에 위 소스재료를 함께 넣어 간다.
3. 꼬치를 준비하여 치킨을 꽂는다.
   * 피망과 버섯이 있으면 사이사이에 꽂아도 좋다.
4. 그릴 위에 굽는 것이 좋기 때문에 조리 도구를 준비하여 그릴 위에서 약 15~20분 내에서 돌려가면서 굽는다.
5. 피타(pita) 빵은 오븐 250℃에서 올리브 오일을 양면으로 바르고 소금과 오레가노를 뿌려서 약 2분 동안 굽는다.
   * 그릴에서 구워도 된다.
6. 레몬을 얇게 썰어서 함께 서빙하면 된다.

Tips: 피타 빵에 싸서 먹어도 되며 꼬치 위에 소스를 뿌려서 먹으면 좋다.

Ireland 아일랜드

1. 아일랜드의 다양한 환경 요인

아일랜드인의 삶

북대서양에 위치한 이 국가는 영국의 문화와 오랜 역사적 공통점을 보이고 있다. 역사적으로 영국과의 앙숙 관계는 수많은 영화나 소설 등의 주제에도 사용되고 있다. 아일랜드의 약 20%는 농업에 종사하고 있으며 이를 바탕으로 목축업이 잘 발달되어 있는 국가이다(Lafferty et al., 1999).

현대의 아일랜드는 여느 국가들과 마찬가지로 전통적인 모습은 빠르게 사라지고 있으며 한적한 시골을 방문하였을 시에 그나마 오래전의 삶의 모습을 간직하고 있는 것을 볼 수 있다. 영화에서 종종 보게 되는 식사의 모습(엄청난 양의 따뜻한 음식들과 따뜻한 집, 선반에 올려놓은 접시들과 식료품 등)은 몇백 년 전의 음식문화를 반영하고 있다(Visser, 2015).

북유럽국가들의 식재료 중 유사점을 찾아보면 감자를 이용하여 만드는 요리들이 많다. 약 1500년대에 감자가 유입되면서 오랜 주식이었던 귀리(oats)와 유제품을 대체하게 되었다. 하지만 감자 재배로 인하여 큰 국가적 재난을 맞기도 하였다. 1845년의 기록에 의하면 감자 생산이 국가적으로 큰 인기를 얻으면서 나라의 대표 생산물이 되었으나 다양한 종(種)의 감자를 재배한 것이 아닌 한 종류의 감자를 재배하면서 병에 약하게 되었고 그해 재배량의 1/3이 폐기되었는데, 그로 인하여 1백만 명이 기근으로 사망하게 된 것이다(Kinealy, 1994).

아일랜드인의 기념일

많은 유럽국가들과 유사하게 크리스마스와 부활절은 가장 크게 여기는 기념일이다. 크리스마스는 일 년 중 가장 특별한 축제로서 독특하고 다양한 음식들을 준비한다. 최근의 크리스마스 모습은 캐나다나 미국에서 건너온 것들이 많은데, 전통적인 방식에 맞추어 요리하였던 돼지머리 메뉴는 구운 거위나 칠면조를 감자와 함께 요리한 북미 스타일로 대체되고 있다.

부활절 전의 40일에 해당하는 사순절 기간에는 어떠한 음식에 대하여는 금기시하여 먹지 않는 문화가 존재한다. 과거의 음식문화에서는 육류와 그 재료로 만든 음식(버터, 우유, 계란 등)은 먹지 않는 관습이 있었으며 천주교도인들은 그 사순절 기간에 귀리로 만든 조촐한 식단이 대부분이었다고 전한다.

2. 아일랜드의 식사 문화

아일랜드의 조리법은 다른 유럽국가들에 비하여 다소 간단하다. 기본적으로 소금이나 후추를 제외하고는 허브를 많이 사용하지 않는 경향이 있는데 다양한 소스가 제공되는 서양 문화와는 다소 다르게 소스를 곁들이지 않은 음식이 나오기도 한다.

감자를 이용한 스콘(scones: 비스킷이나 머핀과 비슷한 모양의 제과)이 유명하며 낙농업의 발달로 수제 치즈 제품이 많이 생산된다.

생선 요리로는 바다와 인접한 곳에서 수확한 연어, 조개, 랍스터, 홍합, 굴을 이용한 요리도 다양하다. 육류로는 소고기를 가장 많이 소비하고, 양고기와 돼지고기를 선호한다. 가정식에서 먹는 메뉴는 삶거나 오븐에 구운 통감자, 삶은 양배추 그리고 구운 육류고기가 널리 알려진 가정식 전통 메뉴들이다.

기념일과 관련하여 특히 크리스마스 기간에 즐겨 먹는 메뉴는 맵고 달콤한 자두 푸딩과 전통방식을 고수하여 만드는 차갑게 만든 크리스마스 케이크로 식사를 마무리한다. 소다 빵(soda bread: 밀가루, 버터우유, 소다를 넣어 발효시킨 빵)은 넓은 빵 위에 십자(+) 모양을 내는데 귀신을 내쫓는다는 의미가 담겨 있으며(또는 축복의 의미를 뜻하기도 함) 버터를 발라서 먹는 음식문화가 있다. 참고로 소다 빵은 일반적인 빵과 비교해 보면 약간의 신맛이 난다. 또한 아일랜드 사람들은 차를 즐겨 마시는데 전통적으로는 아침에 우유와 설탕을 넣은 따뜻한 차를 마셨다. 참고로, 아프리카의 많은 국가에서 유럽인들의 차 소비에 맞추어 생산량이 늘어나고 있다고 한다.

아일랜드인들의 아침 식탁에는 소다 빵, 팬케익, 죽 종류, 계란 그리고 고기종류가 오른다. 전통적인 식습관은 과일이 첨가되며, 구운 고기(grilled meats), 블랙푸딩(black pudding: 돼지 또는 양의 피와 귀리를 넣어 만든 검은색 소시지), 스콘 등을 따뜻한 우유나 커피와 함께 먹는다. 점심에는 전통 메뉴인 더블린 코들(dublin coddle), 베이컨, 소시지, 감자 그리고 양파 수프를 먹는다. 피시 앤 칩스(fish and chips)는 한국인이 찌개를 즐겨 먹듯이 서민들의 대표적 메뉴이고 길거리에서도 쉽게 접하는 음식이다.

피시 앤 칩스(fish and chips: 아일랜드인들의 보편적인 음식이며 길거리에서도 쉽게 맛볼 수 있음-한국의 생선튀김, 감자튀김과 비슷하다)

아이리시 커피(irish coffee: 블랙커피와 위스키를 3:2의 비율로 글라스에 붓고 갈색 설탕을 뿌린 후 그 위에 생크림을 얹어 마시는 커피, 장식으로 오레오(oreo) 스낵을 잘게 부수어 얹어 마시기도 함)

육류를 감자, 양파, 당근 등의 야채와 함께 오래 끓인 후 전분을 첨가하여 걸쭉하게 만든 스튜인 더블린 코들은 만드는 방법이 다소 간단하기 때문에 많은 아일랜드인들이 즐겨 먹는 음식이다. 특이한 점은 스튜를 만들 때에 맥주를 넣어서 풍미를 더한다.

아일랜드 코티지 파이(cottage pie: 코티지 치즈로 만든 파이)

페이스트리 위에 얹은 연어

3. 한국과 아일랜드의 문화 차이 비교

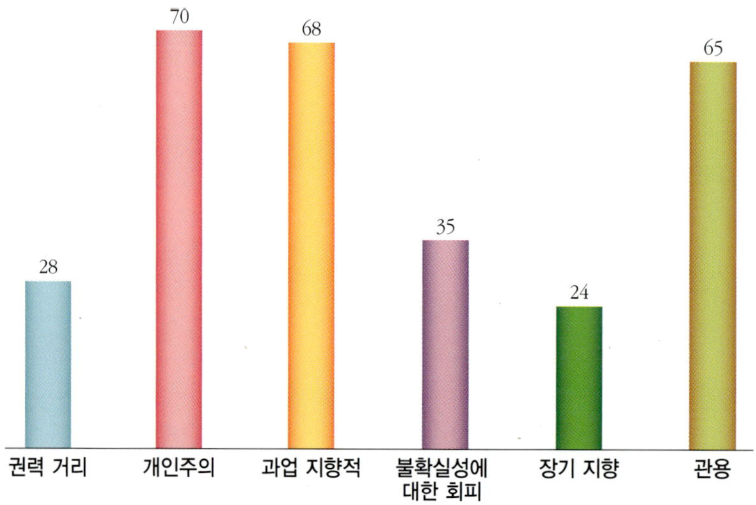

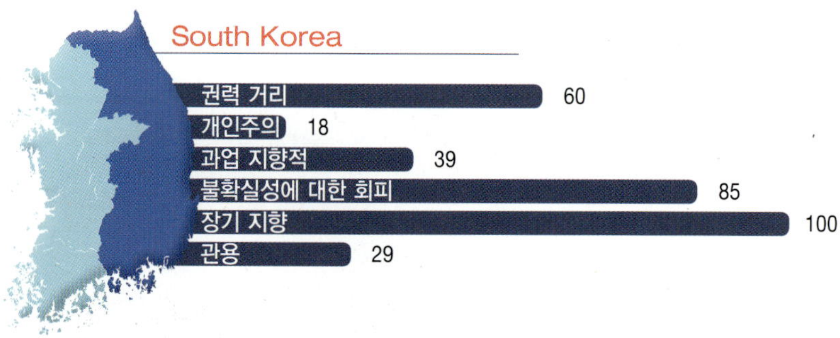

권력 거리 지수(power distance index)

개개인 간의 차이가 많이 없는 즉, 차별성이 많지 않은 사회이다. 물론 계층이 있긴 하지만 편의적인 목적에 기반한 사회 구조라고 이해하면 된다. 조직에서 상사(上使)에게 불편함 없이 자신의 의견을 표현할 수 있는 문화이다.

개인주의 vs. 집단주의(individualism vs. collectivism)

개인주의적 색채를 띠는 문화로 독립적이며 자신이 이루고자 하는 목표에 대하여 남의 도움을 받기보다는 독자적으로 결정하여 진행하는 사회이다.

과업 지향적 vs. 대인관계 지향적(masculinity vs. femininity)

과업 지향적인 성격을 보이는 사회로 성공에 대한 욕구가 강하고 자신이 무엇을 할 수 있는지에 대한 자아의 사고를 많이 하도록 교육을 받는다. 경쟁이 자연스러운 것이며 이기기 위한 훈련이 잘 되어 있다(Winner takes all).

불확실성에 대한 회피 지수(uncertainty avoidance index)

다변화되어 있는 환경에 익숙하며 상상력이나 다양한 아이디어를 고안하는 것이 중요하다는 것을 어릴 적부터 교육받는다. 실용적인 면에 매우 관심이 높은 사회이기 때문에 한국의 교육문화와는 다소 다름을 발견할 수 있다.

4. 아일랜드의 일반적인 문화 요인들

아일랜드와 영국은 보수적인 색채를 보이는 국가로 의상(衣裳)에서도 보수적인 이미지를 보인다. 악수로 인사를 표현하는 국가이며 유럽의 많은 국가와 달리 볼에 키스를 하거나 포옹하는 것이 그리 흔하지는 않다. 한 팔 간격의 공간을 두고 얘기하는 것을 선호하는 문화는 중동의 지근(至近) 거리의 대화법과는 많은 차이점을 보인다.

식사에 초대받았을 때는 가급적 식탁에 있는 음식은 다 먹어보도록 하며 감자를 메뉴에 많이 사용하기 때문에 작은 접시를 곁에 두고 사용한다. 식사 예절에 대하여 다소 오픈되어 있는 문화이기 때문에 특별히 주의해야 하는 어려움은 없다.

레시피 더블린 코들(dublin coddle)

재료

베이컨-500g
소시지-500g
양파-2개, 마늘-2조각
감자-2㎏, 당근-1개(약300g)
사과주스 또는 맥주-500~700㎖

〈부케 가르니 재료〉

월계수-1장
타라곤-½작은술
클로브-2개
통후추-2개
헝겊 주머니

조리방법

1. 약불에 팬을 달군 후 베이컨을 넣어 조금 딱딱해질 때까지 볶는다.
   * 기름은 다른 그릇에 담아 둔다.
2. 소시지를 같은 방법으로 볶는다.
   * 기름은 다른 그릇에 담아 둔다.
3. 냄비에 양파, 마늘을 넣어 약한 불에서 양파가 물렁할 때까지 볶은 후에 베이컨과 소시지를 넣어 준다.
4. 감자와 당근을 냄비에 넣고 부케 가르니 재료를 헝겊 주머니에 넣어서 묶은 후 같이 넣어 주고 사과주스를 재료가 잠길 만큼 부어서 약~중불 정도에서 천천히 끓이면 된다.

레시피

아일랜드 스콘(scone)

재료

〈12개 분량〉

중력분-3½컵
베이킹 파우더-5작은술
소금-⅛작은술
설탕-¼컵
버터-150g
계란-1개
크림-60g
우유-200g

조리방법

1. 큰 그릇에 밀가루, 베이킹 파우더, 소금을 넣어 잘 버무린다.
2. 건포도나 말린 과일을 넣고 싶으면 같이 섞어도 된다.
3. 계란, 우유, 크림을 넣고 잘 버무린다.
   * 크림이 없으면 우유만 사용해도 된다.
4. 테이블에 밀가루를 살짝 넓게 뿌리고 그 위에서 손으로 잘 문지르는 작업을 한다.
5. 원하는 모양으로 약 10~12개 정도의 양이 나오도록 잘라 낸다.
6. 베이킹 팬에 올려놓고 우유가 조금 있으면 반죽 위에 발라 준다.
7. 180℃의 오븐에 약 30~40분 동안 굽는다.
8. 기호에 따라 휘핑 크림, 잼 등을 스콘을 반으로 쪼개서 넣고 먹어도 좋다.

Italy 이탈리아

1. 이탈리아의 다양한 환경 요인

이탈리아인들의 삶

유럽의 남부에 위치해 있으며 한국과 유사하게 많은 산으로 이루어진 국가이다. 유럽대륙의 유일한 활화산인 베수비오(Vesuvius)산이 있는 지역이기도 하다. 산악지형이 많기는 하지만 토양은 비옥하여서 농작물 재배에 훌륭한 기후조건을 보이고 있다. 가령, 국토의 삼면(三面)이 지중해와 연결되어 있어서 해산물이 풍부하며 해안가를 주변으로 하는 채소들이 풍성하게 재배되고 있다.

산악지대는 기후가 다소 쌀쌀하며, 해안가 및 포강(Po river)을 따라서 형성된 지역은 따뜻하고 마피아의 고장으로 유명한 시실리(Sicily)섬과 사드니아(Sardinia)섬 지역은 연평균 16℃(60°F)의 온화한 날씨를 보인다.

이탈리아의 산악지대에서는 밤나무 종류(침엽수 종)가 많으며, 강과 섬 주변 지역에서는 상록수 및 향나무 종이 자란다(Food in Every Country; Gladstones, 1992).

전통적인 이탈리아인들의 삶은 집보다는 길거리, 도시의 광장 등의 많은 사람들이 모이는 곳에서 하루의 시간을 보냈다. 사람들과 얘기하는 것을 즐겨 하고 광장은 만남의 장소로 이용되었다. 이러한 공중의 장소에서 음식은 사람들 간의 연계 역할을 하였고 음식을 내어 주는 행위는 그들의 관습일 만큼 호의적이다(Hauser, 1981). 공중의 장소에서 종종 접하는 음식은 단연코 파스타인데, 이탈리아의 전 지역에서 다양한 파스타 메뉴를 경험할 수 있다.

이탈리아의 북쪽 지역에서는 송아지 고기를 선호하며 고기의 질감이 매우 연하다. 남부지역에서는 음식의 양이 조금 더 많고 풍부함을 자랑한다.

이탈리아인들의 기념일

잘 알려져 있다시피 이탈리아의 중심부에는 바티칸 성당이 있으며 이러한 영향과 맞물려 많은 이탈리아 사람들은 로마 가톨릭교를 믿고 있다. 가족의 삶이 우선시되고 그 다음이 교회적인 삶을 보이는데 이탈리아의 오랜 역사에서 교회가 갖는 역할은 교육과 사회복지, 축제 등 다양한 분야에서 중요한 역할을 담당해왔다.

이탈리아인들의 음식이나 삶의 방식 등은 이탈리아 안에도 다양한 차이가 존재하며, 세대차이 또한 존재한다. 많은 국가와 유사하게 지역별로 자기들만의 특별한 축제와 전통을 가지고 있다. 기념일을 위해 준비한 특별한 음식과 함께 대부분의 축제는 종교적인 기도를 하고 노래와 춤을 추고 와인과 함께 즐기며 축제를 마무리한다.

크리스마스는 유럽의 다른 국가들과 유사하게 이탈리아의 가장 중요한 행사 중 하나이며 지역별로 약간의 차이는 있지만 일반적으로 예수의 탄생을 기념하기 위해 집 앞에 아기 예수의 장식을 걸어 둔다. 시골 지역으로 갈수록 전통문화를 경험할 수 있는데, 찬송가를 부르고 'zampognari'라고 불리는 양치기들이 마을의 공중장소에서 고대의 악기인 플룻과 백파이프를 연주한다(Whitehouse, 1992).

전통적으로 크리스마스 전날에는 24시간 동안 단식을 하는 문화가 있으며, 이 시간에는 고기나 고기로 만든 음식은 먹지 않는 관습이 존재한다. 이 기간에만 고기를 소비하지 않을 뿐이지 이탈리아의 음식문화는 고기를 즐겨 먹는 문화가 여전히 왕성하게 자리 잡고 있다. 크리스마스 이브에는 뱀장어를 많이 먹는다고 하며, 해안 지역에서는 해산물(조개 또는 오징어)을 이용하여 파스타를 만들어 먹는다. 고기 없는 음식문화에서는 다양한 디저트, 쿠키 등의 스낵류를 많이 소비하게 된다(Halvorsen, 1998).

2. 이탈리아의 식사와 관습

대체로 이탈리아의 조식은 따뜻한 차와 커피 또는 핫초코를 마시며 잼과 마멀레이드를 바른 빵을 함께한다. 점심 식사는 1시경에, 저녁 식사는 7시 정도에 이루어진다. 격식을 갖춘 식사에 초대되면 다양한 코스요리를 경험할 수 있는데 전통적으로는 7개의 코스요리로 나누어진다. 에피타이저(antipasto), 해산물 요리(pesce), 리소토 또는 파스타(asciutta), 고기가 들어간 요리(carne), 치즈를 주재료로 만든 요리(fromaggio), 과일(frutta), 그리고 마지막으로는 후식 쿠키(dolce)가 제공된다.

현대사회에서는 옛 식문화가 사라지고 있지만 전통적으로는 아침겸 점심 식사(brunch: 브런치) 시간에 간식으로 폴렌타(Polenta: 옥수수 가루로 만든 음식)를 튀기거나 구워 먹는다. 혹 먹다 음식이 남더라도 버리지 않고 올리브 오일에 버무려서 샐러드로 사용하기도 한다.

파스타를 즐겨 먹는 음식문화는 파스타를 삶더라도 '알덴테(al dente)'하게 조리하는 것을 선호한다. 알덴테는 파스타의 질감이 탱글탱글하여 씹는 맛이 살아 있도록 삶는 것을 말한다. 이탈리아인들의 오랜 음식문화 전통 중 독특한 것은 식사를 마치고 남은 접시는 바로 치우는 그들만의 풍습이 있다고 전해진다.

3. 한국과 이탈리아의 문화 차이 비교

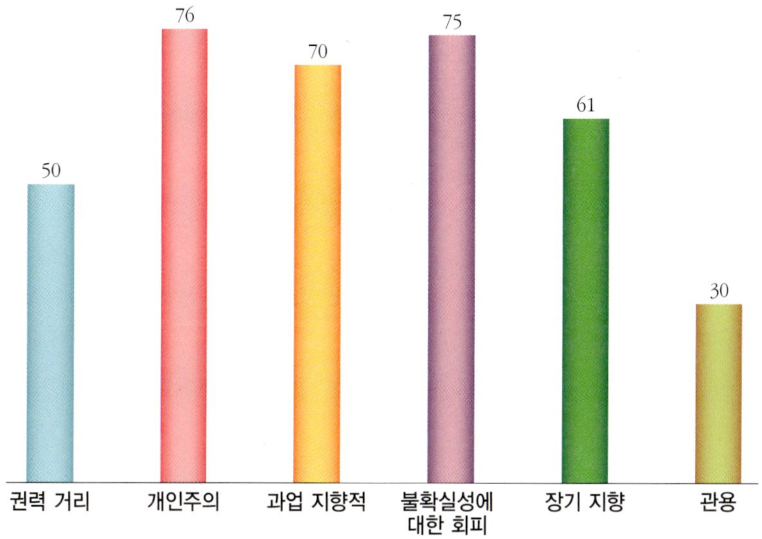

권력 거리 지수(power distance index)

권력의 분배는 다소 평등하게 이루어져 있으며 의사결정의 과정에서도 top-down(위에서 밑으로 시키는 구조) 방식보다는 분산된 결정을 존중하여 최종적 결과를 도출하는 문화이다. 통제나 관리를 받는 것에 익숙하지 않으며 자유로운 의사 표현과 관리 문화를 선호한다.

개인주의 vs. 집단주의(individualism vs. collectivism)

'나'라는 개인이 더욱 중요시되고 있는 사회이며 이러한 분위기는 노년층에게는 다소 외로움을 느끼게 만든다. 개인이 추구하는 목표에 따라서 삶의 방향이 다를 수 있다고 믿고 있으며 이러한 목표를 성취하는 것은 개인의 노력에 따라서 결정된다고 믿는 정도가 강하다. 참고로 집단주의에서는 개인의 노력도 중요하지만 소속된 사회나 기관과의 연대가 훨씬 중요하게 인식된다.

과업 지향적 vs. 대인관계 지향적(masculinity vs. femininity)

과업 지향적인 사회이며 성공에 대한 욕구가 강하다. 어린 시절부터 경쟁은 자연스러운 현상이며 그러한 환경에서 자라도록 교육한다. 특히, 이탈리아인들의 성공에 대한 잣대는 좋은 차, 집, 요트 등의 이국적인 삶을 사는 것에 대하여 높게 평가한다.

불확실성에 대한 회피 지수(uncertainty avoidance index)

애매모호한 환경에 대하여 불편함을 드러내며 격식을 갖춘 생활에 익숙한 문화권이다. 이탈리아인들은 가변적인 상황을 선호하지 않으면서도 가변적인 상황에 대하여 거부감을 크게 갖지 않는 독특한 특성을 보인다. 이러한 복잡한 성격으로 음식문화에서 자신들이 편안함을 적극적으로 찾기 위해 휴식시간을 넉넉히 갖고 일상생활에서도 여유로움을 가지려는 의지를 보인다.

4. 이탈리아의 일반적인 문화 요인들

앞서서 언급하였듯이 이탈리아는 다소 복잡한 성격을 지닌 문화권역이다.

복장에서도 격식을 갖추는 것을 좋아하며 자유롭기보다는 다소 보수적인 옷매무새를 선호한다.

인사방법은 악수를 하고, 포옹을 하며 간간히 뺨에 가볍게 키스를 하여 반가움을 표현한다. 대화를 나눌 때는 한 팔 간격의 거리를 두면 된다.

비언어적인 표현 중 검지로 무엇을 가리키는 행위는 욕설로 인식하고 있기 때문에 주의를 요한다.

식사에 초대되었을 때에는 손 또는 팔을 식탁 위에 보이도록 놓으며, 자리를 뜨는 것은 그리 좋은 예절은 아니다. 특히 와인을 즐겨 마시기 때문에 더 이상 마시고 싶지 않을 때는 컵의 반은 남겨 두어야 '그만 마시겠습니다.'라는 메시지를 전달하는 것이다. 음식을 다 먹고 나면, 나이프와 포크는 접시 위에 같은 방향으로 약 4~5시 방향에 걸쳐서 놔두면 된다.

식당에서는 팁을 주기도 하지만 매번 그렇게 하지는 않는다. 좋은 서비스를 받았으면 예의로 일부의 팁을 놔두면 된다.

가급적 약속된 시간에 늦지 말아야 하며 업무 관련되어 모임을 갖게 되면 늦추기보다는 그 모임에서 매듭을 짓기 원한다. 또한 협상은 빠르지 않게 오히려 다소 느긋하게 진행하는 편이다. 다만 의사 표현은 직설적으로 다가서기 때문에 한국 문화와는 차별성이 있음을 주의하면 된다.

레시피 recipe

이탈리아 칼조네(calzone)

재료

〈8인분 재료, 피자를 롤(roll)한 모양〉

드라이 이스트(active dry yeast) - 10g
따뜻한 물 - 1컵, 올리브 오일 - 1큰술
설탕 - 1작은술, 소금 - 1작은술
중력분 - 2½컵(반으로 나눔)
올리브 오일 - 1작은술
리코타 치즈 - ½컵, 체다치즈 - 1½컵
페퍼로니 - ½컵, 버섯 - ½컵
바질(basil leaves) - 1큰술, 계란 - 1개

조리방법

1. 그릇에 이스트를 풀고, 올리브 오일, 설탕, 소금을 1컵의 중력분과 함께 잘 섞어 준다.
2. 말랑말랑하게 섞이면 5~10분 정도 놔두었다가 밀가루를 뿌린 테이블 위에서 잘 펼친다.
3. 펼친 도우(dough)를 다시 올리브 오일이 있는 그릇에 담가서 약 30분 동안 놔둔다. 중간에 뒤집어 주면 좋다(부풀어 오르는 과정).
4. 베이킹 오븐을 190℃에 맞추어 예열시켜 둔다.
5. 도우가 준비되면, 2개로 나누어서 밀가루를 뿌린 테이블 위에 펼쳐서 치즈, 페퍼로니(고기 대신해도 된다)를 안에 넣고 감싼다. 도우 중간중간에 이쑤시개로 살짝 구멍을 내어 주면 좋다.
6. 계란을 풀어서 도우 위에 잘 발라 주고 오븐에서 약 30분을 구우면 된다.
7. 바질을 얹은 후 서빙한다.

culture food life nation continent

06 CHAPTER 남미 국가의 문화

Argentina 아르헨티나

1. 아르헨티나의 다양한 환경 요인

아르헨티나는 남미 대륙에서 브라질 다음으로 그 규모가 두 번째로 크고, 남미의 알프스로 불리는 안데스산맥을 끼고 있지만 평균적으로 해발이 높지는 않은 국가이다. 지리적으로 남반구에 위치해 있기 때문에 한국과는 계절이 정반대이며 한국의 겨울인 12~2월은 아르헨티나를 비롯한 남미의 국가들에게는 여름에 해당된다. 아르헨티나의 가장 큰 경제창출 산업은 낙농업이다. USDA 2016년 보고서에 의하면(FAS/USDA, 2016), 아르헨티나는 세계의 여섯 번째로 많은 가축(소)을 기르는 국가이다. 참고로, 인도가 가장 많은 소를 기르고 있고, 브라질, 중국, 미국, 유럽연합 그리고 아르헨티나가 그 뒤를 잇고 있다. 인도의 종교적인 사유와 유럽연합이 개별 국가가 아니기 때문에 순위는 4위에 해당한다. 이 수치는 세계 육류시장의 5% 이상을 차지한다. 낙농업뿐만 아니라, 농업분야에서도 많은 농·식품 재료를 생산하는 국가이다.

아르헨티나는 문화적으로나 민족성으로 봤을 때도 남미대륙에 위치해 있기는 하지만 남미의 유럽이라고 불릴 만큼 유럽의 문화를 여러 곳에서 목격할 수 있다.

2. 음식문화

아르헨티나를 대표하는 음식은 소고기를 기준으로 개발된 다양한 요리들이다. 아르헨티나 전역에 목장이 있으며 미국의 텍사스주에서 목격할 수 있는 카우보이는 아르헨티나에서 흔한 광경이다. 아르헨티나인들이 즐겨 먹는 대표 음식은 파릴라다(parrillada)인데 소고기의 부위별로 잘라서 스테이크용으로 구워 먹는 메뉴이다. 소고기를 그릴에 굽는 것을 츄라스코(churrasco)라고 하며 장작불에 구워 먹는 것은 아사도(asado)라고 하여 조리방법에 따라서 그 이름들을 달리한다. 튀겨 먹기도 하며 고구마 그리고 옥수수와 함께 요리해 먹는다(Brittin, 2011).

스튜(stew)로는 카보나다 크리올라(carbonada criolla)가 있는데 소고기를 팬에 굽고 고구마나 감자, 양파, 마늘을 함께 넣어 볶고 허브들을 추가한 후에 육수를 부어서 끓이는 메뉴이며 주변에서 구할 수 있는 갖가지 야채를 넣어서 요리하는 메뉴이다. 이러한 메뉴의 특성은 아르헨티나가 이탈리아의 영향을 많이 받고 있어서 피자, 스파게티 등의 형식으로 조리가 이루어진다(Brittin, 2011).

데사유노(desayuno)라고 일컫는 아침 식사는 비교적 간편하게 먹는데 빵과 샘을 즐겨 먹고 일부는 조식에 피자를 먹기도 하는 등 초기의 간편한 식단이 다양하게 변화하고 있다. 대부분의 남미국가들과 같이 점심은 바깥생활에서 해결하는데 메뉴에는 고기가 빠지지 않을 만큼 고기를 좋아하는 국가이다(Kearney, 2010).

3. 한국과 아르헨티나의 문화 차이 비교

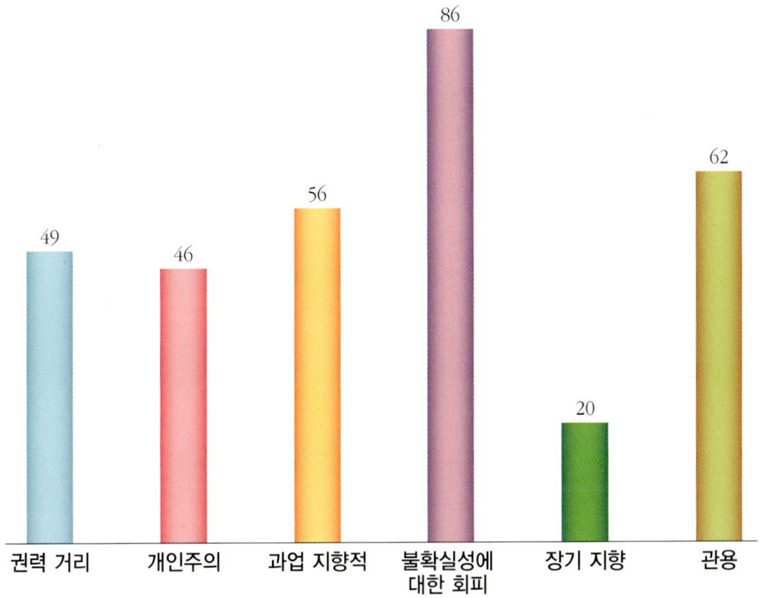

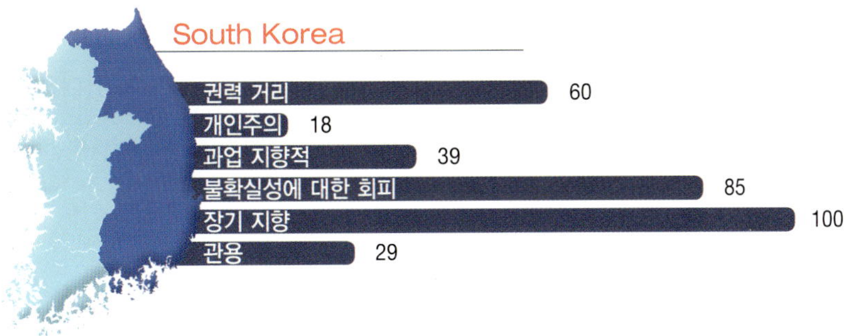

권력 거리 지수(power distance index)

남미 대륙의 많은 국가와는 대조적으로 권력 분배가 상대적으로 균등하게 이루어지고 있는 사회이다. 남미 대륙에서 코스타리카를 제외한 대부분의 국가들은 권력 거리 지수가 높은 편에 속하고 소수 계층에 의한 권력의 지배가 두드러진다. 아르헨티나의 수치가 낮은 이유에 대하여는 1900년대에 유럽인들이 대거 이민했던 것이 큰 몫을 차지한 것으로 보기도 한다.

개인주의 vs. 집단주의(individualism vs. collectivism)

이 영역에서 나타나는 46의 수치는 중간 정도라고 할 수 있다. 특별히 개인주의나 집단주의적 성격을 보이지는 않지만 이웃한 남미 대륙의 주변 국가들과 비교해 볼 때 아르헨티나는 개인주의에 가깝다고 볼 수 있다. 반면에 집단주의적 사회라고 보는 측면은 소속된 지역사회의 의견이 다소 우세하게 작용하기 때문이다. 경제적 성장과 더불어 도시지역에서는 개인주의적 행동이 많아지고 있다.

과업 지향적 vs. 대인관계 지향적(masculinity vs. femininity)

과업 지향적인 성격이 우세한 사회이며 경쟁과 성취에 대한 도전정신이 강하다고 할 수 있다. 특히 여성의 사회 진출과 맞물려 자아에 대한 열정이 점차 강해지고 있다. 일례로 남미 대륙에 아르헨티나와 유사한 문화가 있다면 치열한 경쟁과 전쟁이 발생할 수도 있음을 주장한 사례(前 대법관 de Silveira)는 아르헨티나가 과업 지향적인 성격임을 방증하는 것이다.

불확실성에 대한 회피 지수(uncertainty avoidance index)

이 영역에서의 수치가 매우 높으며 이는 남미 대륙의 대부분 국가에서 나타나는 유사한 현상이다. 오랜 기간 동안 스페인의 점령하에 있었기 때문으로 파악이

되며 규율과 규칙에 대한 강한 욕구가 존재한다. 부정부패가 사회 곳곳에 퍼져 있기도 하다.

참고로, 아르헨티나는 세계적으로 유명한 혁명가를 탄생시킨 국가인데 한국 및 세계의 개혁을 주장하는 그룹들에게 영향을 미쳤던 체 게바라(Che Guevara)이다. 쿠바의 혁명가로 알려진 이 인물은 아르헨티나 출신의 정치가로도 유명하다.

4. 아르헨티나의 일반적인 문화 요인들

아르헨티나의 인사법은 악수를 하거나 볼에 키스하는 것으로 이루어진다. 사람 간의 공간을 멀리 두고 의사소통을 하지만 엄지와 검지를 둥글게 맞댄 '오케이' 사인이나 '엄지를 치켜세우는' 행위는 상대방을 멸시하는 의미로 사용되기 때문에 사용하지 말아야 한다.

식사는 길거리에서 먹는 것을 선호하지 않으며 저녁 식사는 다소 늦은 시간에 이루어진다.

보수적인 사회일수록 옷차림도 보수적인 색채를 띠는데 캐주얼한 복장을 가급적 피하고 깔끔하게 입는 것을 예의 있는 것으로 판단한다.

약속에 대하여는 반드시 지켜야 한다는 인식이 퍼져 있으나 시간을 맞추기에는 어려움이 있다. 종종 약속시간에 늦게 나타나는 모습은 남미대륙의 공통적인 문화이기도 하다. 가끔씩 30분에서 1시간 늦게 나타나는 경우도 있다.

의사 표현은 직설적이지 않기 때문에 한국의 정서와 유사하게 인지될 수 있다.

피자(in the sauté pan)와 엠파나다(empanadas – meat pies)

아르헨티나의 스테이크는 1인이 섭취하기에 넘치도록 양이 많다.

레시피 아르헨티나 엠파나다(empanadas)

재료

〈속(내용물) 재료〉

소고기(간 것) - 500g
양파(다진 것) - ½컵
올리브 - 8개(알), 소금 - 1작은술
오레가노 - ¼작은술

〈빵(겉) 재료〉

중력분 - 2½컵, 계란(노른자위) - 1개
물 - ½컵, 버터 - ¼컵
식초(약한 식초가 좋다) - 1작은술
소금 - ½작은술

조리방법

내용물(소) 만들기

1. 팬에 오일을 두르고 가열시킨 후 소고기와 양파를 넣어서 노르스름하게 잘 볶아 준다.
2. 나머지 재료를 넣어서 약 2분 더 볶는다.
3. 잠시 식혀두었다가 빵 속에 넣는다.

빵 만들기

1. 오븐은 200℃에 맞추어서 예열한다.
2. 그릇에 밀가루, 버터, 계란 노른자, 식초를 함께 넣어 섞는다.
3. 물에 소금을 넣어서 소금물을 만들고 위의 반죽에 간간히 뿌려 준다.
4. 반죽을 밀가루 뿌린 테이블 위에서 도우(dough: 된 반죽)로 만들며 여러 번 치대어 준다.
5. 먹기 좋은 크기의 반죽으로 떼어내서 넓게 펼친다.

빵으로 소 감싸기

1. 펼친 반죽 안에 위의 내용물의 일부를 넣어 준다(만두 빚는 것과 유사함).
2. 만두 빚듯이 끝 부분을 맞닿게 붙여 주고 이쑤시개로 사이사이에 찔러 준다.
3. 베이킹 팬에 오일을 두르고 내용물 넣은 반죽을 올려 준다.
5. 오븐에 약 10~15분을 굽는다.

Brazil 브라질

1. 브라질의 다양한 환경 요인

브라질은 남미대륙에 위치한 국가 중에서 그 규모가 제일 크며 세계적으로는 네 번째로 큰 국가이다. 남미의 많은 국가는 남반구에 위치해 있어서 한국과는 계절을 달리한다. 즉, 한국이 겨울일 때 남반구 국가는 여름이고 한국이 여름일 때 남반구의 국가들은 겨울이다. 브라질은 아마존으로 유명하며 세계에서 이집트의 나일강 다음으로 두 번째 긴 강이다. 아마존은 강뿐만 아니라 세계의 식물의 보고(寶庫)라고 할 만큼 무성한 숲으로 이루어져 있어서 다양한 동식물이 생존하고 있다.

이러한 생태계를 보유하고 있는 국가이지만 환경적인 이슈에 대하여 국가차원의 관심이 부족하다고 볼 수 있는데 한 예로 올림픽을 치렀던 2006년, 수도인 리우데자네이루강의 오염 수준이 너무 심각하여 올림픽 경기가 개최될 수 있는지에 대한 소문이 무성했던 것이 단적인 예가 된다. 뿐만 아니라 벌목의 양이 급증하면서 아마존의 생태계가 파괴되고 있다는 것은 종종 접하는 소식이다.

그럼에도 불구하고 브라질은 넓은 영토를 보유하고 있으며 음식에 필요한 각종 식물들을 재배하기에 적절한 기후이다. 예를 들어 커피, 코코아 등의 기호식품은 아프리카 대륙의 국가들 못지않은 생산량을 자랑하고 있다(Carpenter, 1997).

브라질이 많은 남미대륙의 국가들과 확연한 차이를 두고 있는 것은 스페인의 영향을 받은 것이 아니라 포르투갈의 영향을 받았기 때문이며 언어도 포르투갈어를 사용하고 있다.

브라질의 기념일

브라질을 대표하는 기념일은 전 세계인들이 방문할 만큼 대규모 축제로 열리는 카니발을 들 수 있다. 이 축제기간에는 형형색색의 장신구와 복장을 한 참가자들이 거리를 행진하고 남녀노소 할 것 없이 길거리에서 독특한 복장을 하고 춤을 추며 먹거리 노점상들은 이 기간을 활용하여 경제적 수입을 창출한다.

브라질의 음식문화

카니발 기간에 경험할 수 있는 브라질 음식들은 대체적으로 고추향이 배어 있는 메뉴들이 많다. 흔히 볶음밥과 비슷한 음식을 먹는데 쌀은 안남미쌀을 사용하며 그 조리방법이 비교적 간단하다. 볶음밥 만드는 법과 같으며 마지막에 고추를 추가하여 후각과 미각을 자극하도록 조리하면 된다.

브라질은 쌀, 콩을 많이 소비하는데 브라질의 대표적인 메뉴가 페이조아다(feijoada)이다. 만드는 법은 베이컨을 팬에 볶다가 양파, 마늘을 넣어서 조리를 하며 소시지와 작게 썬 소고기를 추가하여 토마토 소스를 부어 끓이면 되는데 오렌지 샐러드, 쌀밥과 데친 야채와 함께 먹는 것이 한국의 김치찌개와 유사한 브라질의 대표 음식이다(Fieldhouse, 2013).

2. 한국과 브라질의 문화 차이 비교

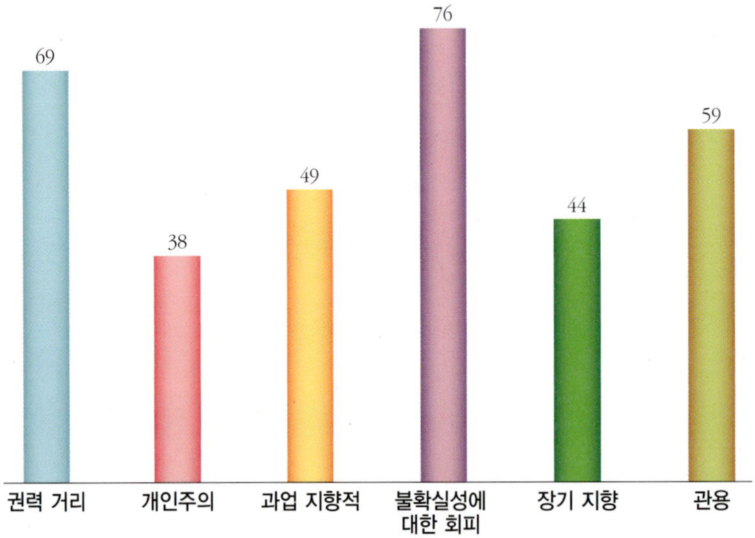

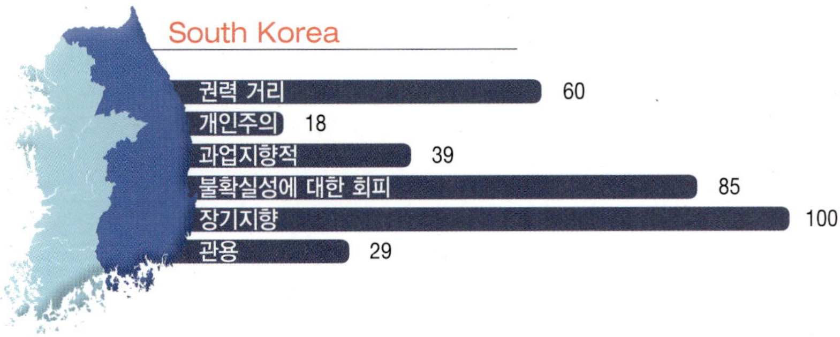

미국을 표현할 때 멜팅 팟(melting pot: 찌개 냄비)이라고 하는데 브라질 또한 이민자의 나라이다. 유럽인들의 정복 전쟁 후에 정착한 민족들과 아프리카의 노예제도에 영향을 받게 되면서 다양한 문화가 발생하게 되었다. 이러한 결과로 백인(50% 이상), 혼혈(백인과 흑인 약 40%)과 흑인(10%)이 공존하고 있다.

권력 거리 지수(power distance index)

사회 곳곳에 계층의 구분이 존재하고 있으며 이러한 소수의 권력 독점을 자연스럽게 받아들이는 문화이다. 어른을 공경하는 문화는 한국과 유사하지만 소수의 힘을 가진 그룹이 사회 규범보다 더 많은 권리를 행사한다.

개인주의 vs. 집단주의(individuatism vs. collectivism)

소속된 지역사회의 목소리가 개개인의 이익보다 우선시되는 문화이다. 가족의 구성원이나 지역사회의 웃어른은 소속 구성원을 채용하고 추천하는 친족주의에 기반하여 관계를 맺으며 단기간보다는 오랫동안 지속될 것이라는 믿음을 가지는 사회이다.

과업 지향적 vs. 대인관계 지향적(masculinity vs. femininity)

삶의 질적인 면에 더욱 관심을 갖는 사회이며 대인관계의 기준을 삶에 있어서 성공의 기준으로 삼는다. 독자적인 성공은 환영받지 못한다.

불확실성에 대한 회피 지수(uncertainty avoidance index)

남미의 대부분 국가와 유사하게 규칙과 규율에 엄격한 사회이며 이러한 법을 지켜야 한다는 분위기가 지배적이다. 하지만 개개인이 규율이나 규칙을 지키는 데 매우 소홀한 편이며 실질적으로 법을 준수하지 않으면 또 다른 규율을 제정하여 해결하려는 경향이 높은데 이는 문제의 근원이 되는 것을 해결하려 하지 않는다는 것이다.

3. 브라질의 일반적인 문화 요인들

브라질의 인사방법은 다양하게 적용된다. 볼에 뽀뽀를 하고, 악수를 청하며, 어깨를 두드리고, 포옹을 하는 등의 어느 문화권에서도 통용이 되는 인사법을 사용하고 있어서 불편한 감정은 들지 않는다.

브라질의 의사소통 방법에서 독특한 특성은 이야기를 하는 파트너와의 거리가 한국문화에서는 다소 불편함을 느낄 만큼 가까운 거리에서 이루어진다. 흔한 표현으로 스킨십(skinship)을 편안하게 받아들이는 문화권으로 한국인들이 첫 만남에서는 어색함을 느낄 수도 있다.

또한, 남미대륙의 몇몇 나라들이 공통적으로 오해하는 손동작은 검지와 엄지를 맞댄 오케이 사인인데 상대방에 대한 모욕의 의미로 사용하기 때문에 주의할 필요가 있다.

식사를 하고 난 후 한국문화에서 이쑤시개를 사용하는 것을 종종 목격하게 되는데 브라질에서 이쑤시개를 사용할 수는 있으나 가급적 공공장소에서는 삼가는 것이 좋다. 이러한 이유는 브라질 사람들은 포크나 나이프를 사용하기는 하지만 접시에 놓인 음식을 집을 때에 종종 이쑤시개를 사용하기 때문이다. 필요하다면 한 손으로 입을 막고 고개를 돌려서 사용하는 것을 추천한다.

접시에 담긴 음식은 가급적 깨끗이 먹는 것을 선호한다. 먹을 수 있을 만큼만 접시에 담는 것이 예의이며 접시에 넘치도록 음식을 담는 행위는 음식이 맛없음을 의미하기도 한다. 그렇기 때문에 1회에 한하여 많이 먹기보다는 나눠서 음식을 먹는 것을 선호한다.

식사시간에는 소리를 내지 않는 문화가 있어서 다른 서양국가들과는 차이가 있다. 하지만 최근 음식문화는 변화를 거듭하면서 식사시간이 길어지고(약 2시간) 다양한 주제들에 대하여 얘기하는 것을 선호한다. 식사 전에 손을 씻는 것이 기본 매너이다.

대화의 방법은 직설적이기는 하지만 다소 느슨한 형태를 취한다.

레시피

브라질 페이조아다(feijoada-meat stew)

재료

〈10인분 재료〉

베이컨(슬라이스)-3개
양파-2개
마늘-3개
훈제 소시지-500g
소고기-500g
토마토 소스(케첩 아님)-1캔(45g)
뜨거운 물-1컵
머스타드-1큰술
팥(통조림)-4컵
소금, 후춧가루-약간씩($\frac{1}{8}$ 작은술)

조리방법

1. 베이컨을 4cm로 자른다.
2. 중불에서 냄비를 가열시켜 베이컨을 3분 정도 볶는다.
3. 양파를 $\frac{1}{4}$ 크기로 자르고, 마늘도 잘게 썰어서 냄비에 섞는다.
4. 약 5분가량 볶다가 소시지와 소고기를 약 3cm크기로 잘라서 함께 볶는다.
5. 소시지와 소고기가 살짝 타기 직전까지 볶다가 토마토 소스, 물, 머스타드 그리고 소금, 후춧가루를 같이 넣은 후 저어 준다.
6. 약불로 줄이고 뚜껑을 덮은 후 약 40~45분간 끓인다.
   * 5분에 한 번씩 뚜껑을 열고 저어 준다.
7. 스튜(stew)가 너무 걸쭉하면 물 $\frac{1}{3}$컵을 부어 주고(30분 후), 통조림 팥을 넣은 후 다시 저어 준다.
8. 45분이 되면 불을 끄고 서빙한다.

culture food life nation continent

07 CHAPTER

아시아 국가의 문화

Indonesia 인도네시아

1. 인도네시아의 다양한 환경 요인

인도네시아는 다섯 개의 큰 섬과 수천 개의 작은 섬으로 이루어져 있으며, 열대기후 조건으로 농작물을 수확하기에 안성맞춤이다. 기후의 영향으로 쌀과 사탕수수가 많이 생산되며 브라질과 콜롬비아와 더불어 세계에서 세 번째로 많은 커피를 생산하는 국가이기도 하다. 야자로 만드는 식용 오일은 말레이시아와 더불어 두 번째 생산량을 자랑한다(Hooson, 1994). 쌀농사는 동남아시아의 많은 국가들처럼 이모작이 가능하여 주요 수출품이기도 하다.

지리적으로 섬 나라이기 때문에 무역이 발달하였고 이 지역의 특산물들이 건강에 이롭다는 소문이 퍼지면서 탐험가들의 관심을 끌기에 충분하였다. 하지만 이에 반해 해적이 많았던 것도 사실이다(Brown, 2003).

지리적인 이점을 이용하여 식사의 주재료는 생선, 야채, 과일이 식탁에 오르고 남은 생산물품들은 이웃국가들과의 교역에 사용되었다. 특히 중국과의 교역은 2300년 전까지 거슬러 올라간다. 이러한 오랜 교역으로 인도네시아의 음식문화는 중국의 것과도 유사함이 많다(Ford, 2004).

또한 인도와의 교역을 통해서 카레(curry)가 유입되었고 중동국가들과의 교역을 통해서는 양고기를 먹는 음식문화가 도입되었다. 인도네시아는 아시아 국가들뿐만 아니라 유럽의 많은 국가들과의 교역이 있었다. 포르투갈과의 교역에서는 카사바(cassava)와 고구마, 네덜란드 상인들을 통해서는 컬리플라워(cauliflower: 흰 양배추), 스페인과의 교역으로는 토마토, 옥수수, 땅콩 등이 유입되면서 인도네시아는 현재 다양한 야채를 경험하기에 최적인 국가라고 할 수 있다.

인도네시아의 기념일

인도네시아는 여러 종교를 받아들인 국가이며 일반적으로 이슬람, 불교 그리고 힌두교인이 많이 있다. 하지만 기독교와 가톨릭교 신자들 또한 많지는 않지만 소수가 있다. 약 87%의 국민들은 이슬람을 믿고 있어서 라마단이 가장 큰 종교적 행사로 자리 잡고 있으며 중동지역의 라마단과 같이 금식을 하고 석양 이후에는 가급적 많은 음식을 소비하여 에너지를 충만히 하려 노력한다. 이러한 음식소비가 이루어져야 한 달 가량의 라마단 기간의 금식을 인내할 수 있다. 분명한 것은, 라마단 의식행사가 진행되는 기간 동안 전혀 음식을 먹지 않는 것이 아니라 해가 떠 있는 시간 동안만 금식이 이루어진다는 것이다(Federspiel, 2009).

2. 인도네시아 문화와 식사법

인도네시아인들은 일반적으로 인사할 때 악수를 많이 사용한다. 더불어, 많은 아시아 국가들과 같이 고개를 숙여서 인사를 하며, 일부에서는 웃음으로 인사를 대신하기도 한다. 상대방과 얘기를 나눌 때는, 가급적 한 팔 간격 정도의 공간을 두는 것을 권고한다.

보수적인 사회의 특성에 따라서 공중장소에서 애정을 표현하는 행위는 선호하지 않으며 남을 만지는 것은 매우 주의해야 할 행동이다. 이슬람문화의 영향으로 이성(理性) 간의 접촉은 가급적 멀리해야 하며, 유럽 국가들의 인사법처럼 볼에 뽀뽀를 하여서도 안 된다. 눈을 마주치고 얘기 나누는 것이 일반적이지 않지만 서서히 변화하고 있다. 이슬람 종교의 영향을 받은 것 중 하나는 특히 상대방에게 발바닥을 보이는 행위나, 다리를 꼬아서 앉는 행위도 금기시된다는 것이다. 물론 왼손으로 식사를 하는 것은 매우 부적절하기 때문에 주의를 기울여야 한다. 이슬람권역에서 왼손은 화장실에서 볼일을 보고 난 후 사용하는 손이기 때문에 매우 비위생적으로 받아들인다(Fealy & White, 2008).

식사에 초대되었을 때에는 연장자가 먼저 식사하도록 배려하여야 하며, 의상은 남녀 구분 없이 긴 치마를 입는다. 또한, 제품을 구매하는 데 있어서 권장가격으로 구매하는 것은 어쩌면 바가지를 쓸 수 있다. 다양하게 가격을 책정하기 때문에 몇 번의 흥정을 통해서 적정 가격을 찾는 게 좋다.

3. 한국과 인도네시아의 문화 차이 비교

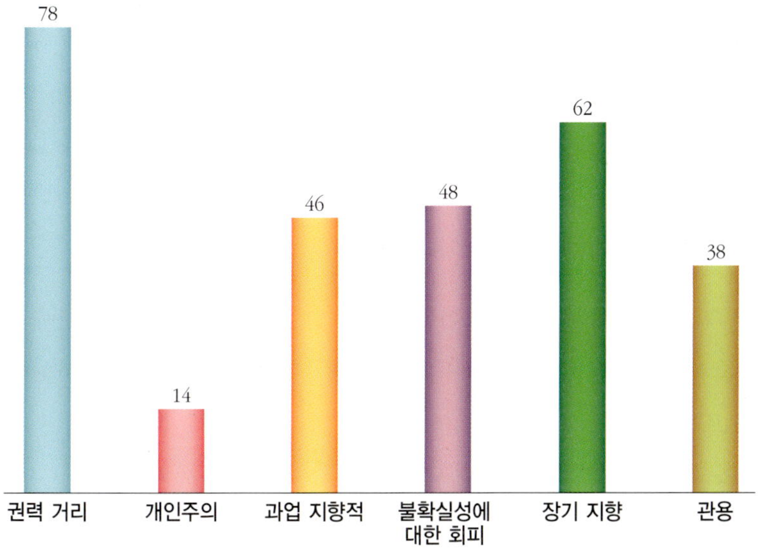

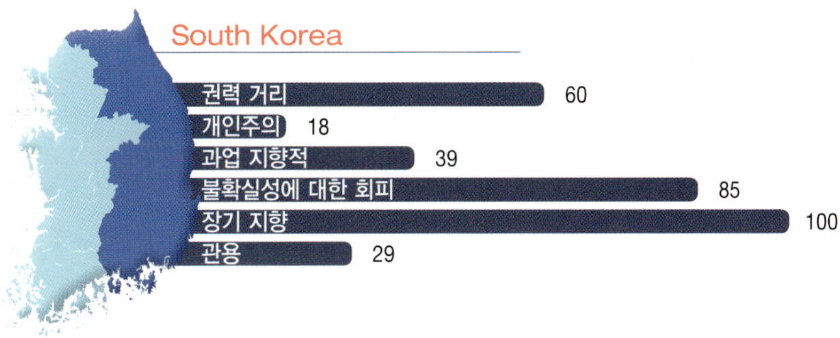

권력 거리 지수(power distance index)

계급사회라고 불릴 만큼 인도네시아 사람들은 소수 그룹이 시배하고 있는 계층적인 사회에 대하여 종속적이며, 불평등한 권리와 조직의 상사에 대하여 자유롭게 의사 표현을 하지 못하는 사회이다. 즉, 통제와 지시가 일방적인 사회이며 소속 구성원은 주어진 업무에 대하여 순종하도록 배운다.

개인주의 vs. 집단주의(individualism vs. collectivism)

집단주의적 사회이며 소속된 지역사회나 기관의 체계나 구조에 대하여 순종하는 것을 자연스럽게 받아들인다. 특히 가족 간의 규율은 매우 엄격하게 받아들이기 때문에 의사 표현 또한 자유롭지 못하다. 이러한 문화로 인해 결혼을 하기 전에 상대방 가족과의 상견례가 우선된다. 상호 간의 허락이 허용되지 않는데도 불구하고 만남을 지속하는 것은 거의 불가능하다.

과업 지향적 vs. 대인관계 지향적(masculinity vs. femininity)

전체의 합의가 개개인의 의사보다 우선시된다. 평등, 연대, 그리고 삶의 질적인 면에 관심이 많으며 갈등이 발생할 시에는 상호 간의 협의에 의해 해결된다. 독자적인 의사결정보다는 전체 구성원의 참여로 최종적인 선택을 하려는 경향이 강하다. 즉 대인관계에 초점이 맞추어진 사회이다.

불확실성에 대한 회피 지수(uncertainty avoidance index)

자기 자신과 외부에 비춰지는 자신이 다름을 인지하는 사회이다. 즉 회피 지수가 낮으며 상대방이 화가 났을 때에 감정을 드러내지 않는 편이며 항상 웃음을 잃지 않으려 노력한다. 즉, 개인의 감정도 중요하지만 자신은 독립적인 개체라기보다는 또 다른 사회나 기관의 구성원으로서 인내하여야 한다고 교육을 받는다.

4. 인도네시아의 일반적인 문화 요인들

인도네시아의 문화적 성격은 많은 아시아, 아프리카 그리고 남아메리카 대륙의 국가들과 유사하며, 특히 공동체적 집단주의 성격을 띠고 있다. 개인의 성향을 존중하기보다는 소속된 집단의 기준이 우선시되는 사회로 볼 수 있다. 독특한 것은 인도네시아는 환경적인 특성의 영향 때문인지는 확신할 수 없지만 가변적인 상황에 대하여 다소 너그러운 사회이다. 이는 많은 섬들로 이루어진 국가인 만큼 다양한 소수 민족의 정체성을 인정하면서 화목을 조성하고 있는 부분과 무관하지 않을 것이다.

recipe 레시피

인도네시아 나시 고렝(nasi goreng)

재료

〈4인분 재료〉

밥(안남미로 지은 차가운 쌀밥) - 1½컵
식용유 - 3큰술
양파(다진 것) - 1개
마늘(다진 것) - 2개
고춧가루 - 2작은술
국간장(진간장도 괜찮음) - 2작은술
흑설탕 - ¼작은술
소금 · 후춧가루 - ¼작은술

조리방법

1. 웍(wok: 중식에 사용하는 냄비)에 식용유를 두르고 센 불에서 연기가 날 정도로 달군다.
2. 1에 잘게 다진 양파, 마늘을 고춧가루와 함께 넣어서 볶아 준다.
3. 약 2분가량 볶은 후 중불로 바꾸어서 밥을 넣어서 골고루 야채가 어울리도록 3~4회 섞어 준다.
4. 간장, 설탕을 추가하여 골고루 볶아 준다.
5. 맛이 밋밋하면 소금과 후춧가루를 기호에 맞게 조금 추가하면서 볶는다.

Vietnam 베트남

1. 베트남의 다양한 환경 요인

베트남 시골 생선가게

베트남은 남북으로 길게 뻗어 있으며 북쪽으로는 중국, 서쪽으로는 캄보디아와 라오스 그리고 태국의 연안과 맞닿아 있다. 한국보다는 다소 큰 국토로 일본이나 이탈리아와 규모가 비슷하다.

동남아시아 국가들과 유사하게 기후적인 조건의 영향으로 쌀이 주식이며 이모작이 가능하다. 국토의 많은 부분이 산악지역이지만 긴 해안과 함께 북쪽의 홍강과 남쪽의 메콩강 등 내륙의 수로가 잘 어우러져 있어서 생선을 확보하는 데 최적이기도 하다(Cima, 1989).

이웃 국가들과의 오랜 무역 교류의 영향으로 베트남의 음식문화는 주변 국가들과 유사한 면이 많다. 볶음밥, 볶음면 그리고 젓가락을 사용한다. 베트남의 북쪽지역의 메뉴들은 볶거나 천천히 끓이는 찌개류의 요리가 많은 반면에 남쪽지역에서는 기후 탓으로 즉석에서 먹을 수 있도록 그릴에 굽거나 날것으로 먹을 수 있는 과일 등을 선호한다(Van Esterik, 2008).

베트남이 마주하고 있는 현실적인 문제는 내륙에 충분한 수로가 제공되고 있기는 하지만 실제 마실 수 있는 음용수(飮用水)가 부족하여 사회적 문제로 제기되고 있다. 심지어 음용수의 질(質)도 떨어져서 위생이 적절하지 않다. 유니세프에 의하면 인구의 45%만이 위생적인 물을 소비할 수 있으며 30% 미만이 위생에 대하여 안심할 수 있을 정도이다. 이러한 환경오염은 급진적인 경제성장과 맞물려서 발생하고 있으며 아직도 베트남의 주요 수출품이 농작물이기 때문에 환경파괴를 해서라도 농사를 지으려는 의지가 높은 것도 큰 몫을 차지하고 있다(Gadgil, 1998).

베트남의 기념일

베트남은 중국과의 오랜 무역으로 인한 상호 간의 영향을 주고 받고 있으며 불교의 유입이 대표적이라 할 수 있다. 불교의 특성으로 인해서 세계에서 채식주의 메뉴가 가장 잘 발달되었으며 불교에 기반한 풍습으로 보름달이 뜨는 날에는 고기종류를 먹지 않는다. 이러한 풍습을 지키는 기간에는 거리에서 갖가지 채식주의 메뉴들이 즐비하다. 바나나, 코코넛, 호박 등의 야채나 과일을 이용한 케익을 경험할 수 있다.

2. 베트남의 음식문화

베트남 쌀국수(Pho)

쌀을 주식으로 하는 음식문화인 만큼 모든 메뉴에 쌀을 이용하려고 한다. 한국에서 주로 소비하는 자포니카쌀과는 달리 안남미(long-grain white rice) 쌀은 찰기가 없어서 볶음밥을 하기에 적당하다. 쌀을 가공하여 만드는 식재료도 잘 발달되어 있어 와인, 식초, 면 그리고 한국에 잘 알려진 '라이스페이퍼(rice paper)' 등 다양한 가공품이 있다. '퍼(pho)'는 면을 의미하는데 베트남 식단에서 빠지지 않는 재료이며 다양한 속 재료를 넣고 누옥 캄(nuoc cham)에 찍어 먹는 등의 다양한 조리법이 있다. 한국의 고추장, 미국의 케첩과 같이 베트남 사람들이 즐겨 먹는 소스가 누옥 캄인데 냉장시설에서 약 1개월간 숙성시켜서 먹는다.

3. 한국과 베트남의 문화 차이 비교

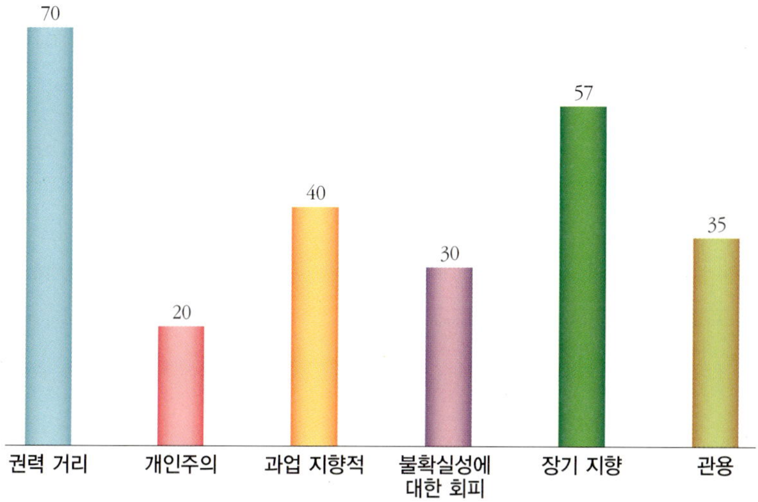

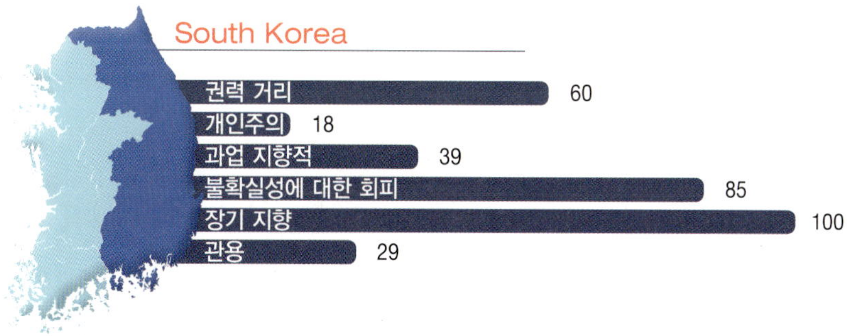

권력 거리 지수(power distance index)

계층적인 사회의 구조에 대하여 자연스럽게 받아들인다. 사람의 현재 위치는 정해져 있는 것이며 그것에 순응하는 것이 도리라고 생각한다. 권력은 중앙집권화되어 있고 조직 내에서의 불평등은 충분히 존재할 수 있다고 믿는 사회이다.

개인주의 vs. 집단주의(individualism vs. collectivism)

집단주의적 사회이며 관계에 대하여 매우 신중하고 오래 지속되는 데에 높은 관심을 갖는다. 사회적 규범이나 규율보다는 충성도가 더욱 중요시되며 소속 구성원의 업무는 그 개인의 것이라기보다는 함께 공유하고 책임을 져야 한다는 강한 책임의식이 존재한다.

과업 지향적 vs. 대인관계 지향적(masculinity vs. femininity)

대인관계에 대하여 높고 신중하게 생각하는 사회이다. 개인이나 소수의 의견보다는 전체적인 합의에 중점을 두고 있으며 평등, 연대감 그리고 그들의 삶의 질적인 부분에 관심을 두면서 또한 성공의 잣대도 동일하게 간주한다.

불확실성에 대한 회피 지수(uncertainty avoidance index)

삶에 있어서 스트레스를 잘 받지 않으며 실용적인 면이 이론적인 것들에 비해 더 중요하게 여겨진다. 인내심이 강한 국가이며 규율이 반드시 필요하다고 생각하지 않는 문화라고 볼 수 있다. 일반적인 삶에 있어서도 약속에 대하여 너그러우며, 어려운 일을 처리함에 있어서도 '충분히 그럴 수 있어'라는 분위기가 존재하는 사회이다.

4. 베트남의 일반적인 문화 요인들

베트남의 시골 풍경

베트남은 장유유서(長幼有序) 정신이 잘 녹아 있는 사회이며 젊은이들이 노인을 공경하는 모습은 한국의 '웃어른 공경 문화'와도 유사하다. 언어에 있어서도 어른을 대할 때의 표현이 별도로 존재하며 식사를 할 때에도 어른이 먼저 시식을 하고 난 후에 나머지 가족 구성원이 식사를 시작한다. 의사소통은 간접적인 방식을 선호하기 때문에 직설적으로 대화의 주제에 대하여 언급하는 것은 자제하여야 한다. 남아선호사상이 강한 만큼 여성이 사회에서 가지는 영향력이 작으며 복장규정을 준수해야 하고, 말을 할 때에는 예의를 갖추라고 권고한다.

베트남의 샤브샤브 음식문화

레시피 **베트남 퍼(pho)**

재료

〈4인분 재료〉

쇠뼈(육수용) - 2㎏, 양파(반으로 자른 것) - 1개
생강 - 5슬라이스, 소금 - 1큰술
팔각(star anise: 별 모양 향신료) - 2개
피시(fish) 소스 - 2½큰술, 물 - 1ℓ
베트남 면 - 1팩, 소고기(슬라이스) - 600g
고수(cilantro) - ½컵
쪽파(잘게 썬 것) - 1큰술, 콩나물 - 1½컵
생 바질(fresh basil) - 1줄기
라임(4등분한 것) - 1개
호이신(hoisin) 소스 - ¼컵
칠리 소스(스리라차) - ¼컵

조리방법

1. 오븐을 220℃에 예열한다.
2. 쇠뼈를 베이킹 팬에 올려놓고 겉 부분이 갈색이 될 때까지 약 1시간 가량 굽는다.
3. 베이킹 팬에 양파를 함께 넣어서 약 45분 더 오븐에서 굽는다.
4. 육수를 만들 큰 냄비를 준비한다.
5. 오븐에서 구운 뼈와 양파, 소금, 팔각, 피시 소스와 물을 냄비에 부어서 끓이다가 팔팔 끓으면 약한 불로 줄인다.
6. 육수를 만드는 시간이 많이 걸리는데 약 6시간 동안 우려낸다.
7. 육수를 체에 걸러서 건더기는 분리시킨다.
8. 베트남 면을 실온의 물에 불려 둔다. 약 1시간 가량 소요된다.
9. 육수를 끓여서 면을 넣고, 면 위에 소고기 슬라이스, 고수, 쪽파를 올리면 된다.

Tips: 9번에서 소고기 슬라이스와 면을 먼저 넣어서 샤부샤부 하듯이 살짝 익히고, 기호에 따라 고수, 쪽파를 올려도 된다.

방글라데시 Bangladesh

1. 방글라데시의 다양한 환경 요인

방글라데시는 파키스탄의 동쪽에 위치한 나라로 파키스탄의 11개의 주 가운데 하나로 속해 있다가 1971년 12월 독립을 쟁취할 때까지 오랫동안 동파키스탄으로 불리기도 하였다. 남아시아에 위치하고 있으며 북서쪽 방향으로 인도가 위치해 있고, 남동쪽에는 미얀마와 인접해 있다. 국토의 대부분이 해발(海拔)이 높지 않은 탓으로 장마기간(보통 5~8월)에는 국토의 많은 영역이 물에 잠긴다. 기후조건과 군데군데 위치한 내륙의 수로(水路) 덕분에 쌀이 주 생산물이며 차(茶)를 생산하여 해외에 수출한다(Ahmed, 2009).

방글라데시의 영유아 생존율은 세계에서 최하위 수준이며 천 명당 약 80여 명의 신생아 사망률을 기록하고 있다(Lawn et al., 2005). 국토의 규모에 비하여 인구 밀집도가 가장 높은 국가이기도 하여 생활하는 데 많은 애로점이 있다.

2. 방글라데시 음식문화

쌀과 생선을 주식으로 하여 식사가 이루어지며 많은 메뉴들은 인도의 영향을 받아서 카레를 버무린 식사를 한다. 허브를 많이 사용하는 것이 특징인 음식은 강황, 고수(coriander), 계피, 마늘 등의 향신료를 사용하기 때문에 한국인들에게는 다소 생소한 맛이 있다.

다양한 종교가 존재하는 만큼 이슬람교도인들은 돼지고기를 먹지 않으며 힌두교도인들은 소고기를 먹지 않는다. 대부분의 국민이 즐겨 먹는 음식은 루티(ruti)

라고 하는 얇은 팬케이크처럼 생긴 빵으로 언제 어디서나 카레와 함께 즐겨 먹는다. 달(dal)이라는 음식은 렌틸콩(lentil)과, 병아리콩(chickpeas), 그리고 다른 곡류를 쌀과 함께 요리해서 먹는 수프이며 요거트를 즐긴다(Alam, 2015). 요거트는 한국인들에게 익숙한 맛이 아니라 시큼한 맛이 더해져 있어서 처음 맛을 경험하는 사람들은 선호하지 않을 수 있다. 경제적 상황이 좋지 않은 만큼 쌀밥을 많이 먹고 생선요리 조금과 야채 카레를 버무려서 오른손으로 집어 먹는다. 과일은 바나나, 망고 그리고 잭프루트(jackfruit)가 있는데 특히 잭푸루트는 크기가 사람 성인 얼굴만큼 크며 두리안(durian)과 유사하다. 차를 즐겨 마시는데 우유와 섞어서 마시기도 한다.

방글라데시는 많은 국가와 달리 유명한 세계적 관광자원이 없으며 국제기구의 원조를 받고 있다. 오랜 기간에 걸쳐서 해외 원조를 받고 있으나 실제 환경이 변화되지는 않고 있다. 이러한 이유는 정치의 부조리가 팽배하여 지원의 규모가 턱없이 부족하기 때문이라는 견해가 있다. 방글라데시의 수도인 다카(dhaka)는 인구 과밀도로 생활하기에 적합하지 않으며 기본 생활 시설이 턱없이 부족하다. 거리에는 교통신호보다는 수신호를 선호하며 무질서한 모습이 오히려 관광자원으로 인식될 수 있을 정도이다. 일례로, 주민들이 시내 차로(車路)를 가로지르는 모습은 일상생활처럼 비춰질 정도이며 운송수단에는 인원이 한정되어 있지 않은 듯 많은 사람들이 매달려서 가는 모습도 종종 목격할 수 있는 독특한 문화를 가진 나라이다.

3. 한국과 방글라데시의 문화 차이 비교

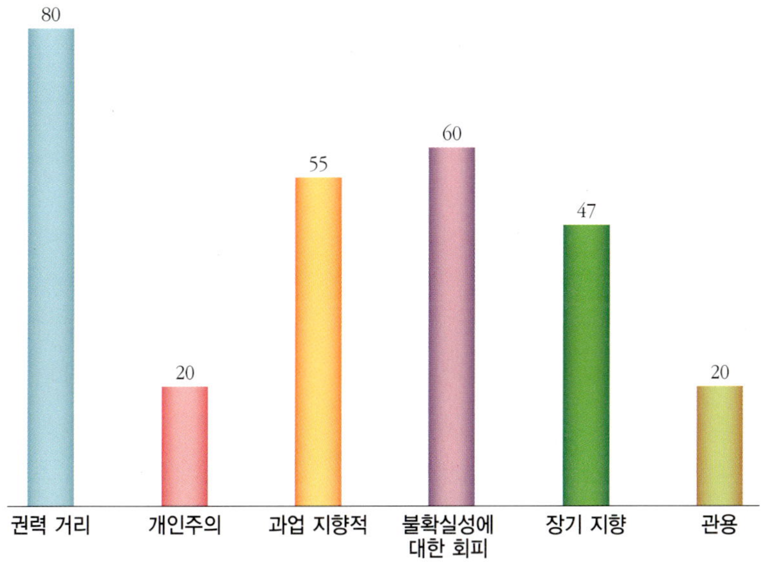

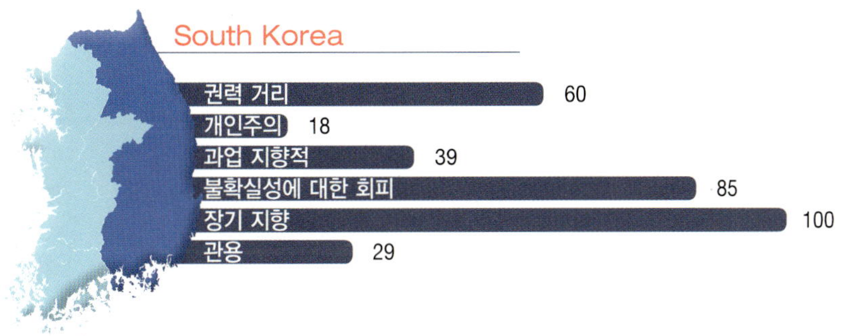

권력 거리 지수(power distance index)

계층이 존재하는 사회이며 이러한 계급주의적 문화에 대하여 '왜?'라는 의구심을 갖지 않으며 오히려 자연스럽게 받아들인다. 불평등이나 조직에서의 권력 중앙집권화가 일반적이며 조직의 상사가 하부직원에게 명령을 내리는 것도 당연하게 받아들인다.

개인주의 vs. 집단주의(individualism vs. collectivism)

수치적으로는 한국보다 조금 높게 나타나는 공동체적 사고를 지닌 집단주의 국가이지만 실생활은 훨씬 높게 나타난다. 관계의 형성은 오랜 지속적인 개념으로 받아들이고 조직이나 지역사회에 대한 충성도가 사회의 규범이나 규율보다 더욱 중요하게 생각한다. 소속된 지역사회에 대한 반감은 관계의 단절이나 면목(面目)상실로 이어질 만큼 연대감을 중요시한다.

과업 지향적 vs. 대인관계 지향적(masculinity vs. femininity)

방글라데시는 공동체적 문화를 형성하면서 과업 지향적인 사회라고 할 수 있다. 의사결정은 확고하고 다소 공격적으로 느낄 만큼 명확하기를 기대한다. 경쟁과 그에 대한 결과도 자연스럽게 받아들이는 사회이다.

불확실성에 대한 회피 지수(uncertainty avoidance index)

한국에 비해서는 다소 낮은 수치를 보이고는 있으나 회피 지수가 여전히 높은 편이다. 이러한 문화의 특성은 예상하지 못한 것에 대해 불편함을 느끼며 규율이 중시되고 인내심이 부족하다고 볼 수 있다.

4. 방글라데시의 일반적인 문화 요인들

독특한 방글라데시의 문화는 권력에 대한 불평등이 많은 국가이지만 국민들이 느끼는 불편함은 표면적으로 드러나지 않는다. 세계의 빈곤국가 중 하나이지만 행복지수가 1위라고 일컬어질 만큼 국민들이 인지하고 있는 수치와는 매우 다른 양상을 보인다. 경제적인 환경과 이어서 살펴볼 수 있겠지만 가변적인 환경보다는 다소 정해진 규율에 따라서 생활하는 데 익숙해져 있다.

방글라데시의 한 가정에서 도축을 하는 장면인데 이는 한국의 80년대 시골 지역에서 직접 도축을 하여 나눠 먹는 모습을 연상하게 한다. 다소 비위생적으로 보이기는 하지만 이러한 모습들도 방글라데시의 현 주소를 잘 반영하고 있다.

recipe 레시피 방글라데시 치킨 비리야니(biryani)

재료

〈4인분 재료〉

생닭-600g
안남미 또는 바스마티(basmatic) 쌀-2컵
생강(다진 것)-1큰술, 마늘(다진 것)-1큰술
플레인 요거트-1컵, 레몬주스-1큰술
마살라 소스(masala)-1큰술
쿠민(cumin)-1작은술
고수 가루(coriander powder)-1작은술
고춧가루-1작은술, 고추-3개, 소금-1큰술
생 고수(다진 것)-1컵, 생 민트(다진 것)-1컵
양파-2개, 월계수 잎-3장, 정향 -5개
카다몸(cardamom) 향신료-4개, 통계피-1개
후춧가루-조금, 계란-2개,
인도 식용유(ghee)-4큰술, 식용유-2큰술
우유-4큰술, 오렌지 색소-⅛작은술
장미 추출물-½작은술
육두구(nutmeg) 가루-⅛작은술
카다몸 가루-⅛작은술, 물-5컵

조리방법

1. 치킨의 껍질을 벗긴 후 고수 잎과 민트 잎을 조금 넣고 고추를 세로로 큼지막하게 썰어 넣은 후 함께 버무린다.
2. 버무리면서 생강, 마늘, 요거트, 레몬 주스, 마살라, 쿠민 가루, 고수 가루, 고춧가루 그리고 소금 2작은술을 넣어서 잘 섞어 준다.
3. 2의 재료를 10시간 가량 재워 둔다.
4. 양파는 길게 채 썰고, 생 고수와 생 민트를 반씩 분리한다.
5. 중~센불의 팬에 오일을 두르고, 살짝 연기가 나기 시작할 때까지 달군 후 생 고수와 생 민트 반 분량과 채 썬 양파를 넣고 노르스름할 때까지 잘 볶아 준다.
6. 볶은 5의 반은 분리하여 따로 두고, 나머지 반은 재워두었던 치킨과 버무린다.
7. 쌀은 물에 30분 정도 담가 놓는다.
8. 밥을 지을 냄비에 2큰술의 인도 식용유를 두르고, 월계수 잎, 정향, 카다몸, 후추, 통계피를 넣어서 약한 불 위에서 3분 정도 볶는다.
9. 물 5컵을 넣어서 끓인 후, 소금 2작은술과 쌀을 넣어 준다.
10. 9를 약 20분 정도 조리하여 쌀을 반만 익힌다.
11. 치킨 내용물과 10의 밥, 나머지 향신료(육두구, 장미추출물, 카다몸 가루)와 4의 남은 생 고수와 생 민트를 넣어 준다.
12. 향신료를 첨가하면서, 오렌지 색소, 우유를 넣어서 천천히 잘 저어 준다.
13. 중불 위에서 20분 정도를 더 천천히 끓이면 된다.

이란 Iran

1. 이란의 다양한 환경 요인

이란은 서남아시아에 위치한 중동국가 중 하나이다. 하지만 이웃한 중동국가들과는 다소 다른 문화적 특성들을 가지고 있다. 이란은 페르시아 제국의 후대국가로 아랍인이라는 호칭은 이란 국민들이 선호하지 않는다. 이란을 영어로 아이란이라고 발음하는데 아리안족의 후예로 간주한다(Gheissari et al., 2009). 이슬람문화를 바탕으로 발생된 생활은 여성의 지위가 남성에 비해 낮으며 업무 분담이 명확하다. 남성은 가정에 도움이 될 수 있는 경제적 재원을 마련하는 데 초점이 맞춰져 있는 반면 여성은 가사일에 더 많은 시간을 할애하며 가족을 돌보는 중요한 역할을 한다.

최근의 변화된 모습에서는 여성이 차도르(chador) 또는 히잡(hijab: 얼굴을 덮는 천)을 쓰고는 있지만 오랜 전통으로 이어져 오던 눈을 제외한 모든 신체를 덮는 모습은 점점 희미해지고 있다. 이슬람문화는 가혹할 만큼 여성 차별적인 문화로 여성에게 참정권(투표권)을 부여하지 않았고 교육의 기회도 제공하지 않았다. 하지만 여성의 교육 수준이 높아지면서 사회의 전문분야로 많이 진출하고 있으며 이란은 중동아시아 국가 중에는 많이 개방된 국가이다.

이란의 기념일

이란은 시아파가 많은 이슬람문화라고 할 수 있다. 국민의 약 98%가 이에 해당되며 국경일이나 휴일 등도 이러한 종교적 의식과 연계되어 진행된다. 라마단(Ramadan)은 이슬람교도들의 가장 큰 세계적 종교의식이며 한 달 동안 진행되는

데 해가 뜨고 지는 시간에는 절대적으로 금식(禁食)을 해야 하며 낮에는 기도를 한다. 이러한 의식 행사의 의미는 금식을 통해서 몸과 마음을 깨끗이 하려는 목적이 있으며 행복하지 않은 사람들을 구원하기 위한 묵언수행이라고도 할 수 있다. 이슬람문화권의 공통된 종교의식으로 라마단 기간이 끝나면 금식하면서 지친 몸에 영양분을 충분히 보충하는 축제가 따라온다(Najmi et al., 2010).

이란의 새해(Now Ruz: 노루즈)는 3월 21일 봄이 시작되는 날로 약 2주간 지속되며 한국의 명절보다 더욱 성대하게 진행되며 이를 기념하기 위해 가족들이 모여서 많은 음식을 만들어 즐긴다(Shariati & Abedi, 1986).

2. 이란의 음식문화

이란의 음식문화는 기후와 인근 국가들과의 무역과도 밀접한 관련이 있다. 이란은 북쪽으로 터키와 맞닿아 있으며 러시아의 영토였던 아제르바이잔과도 인접하고 있다. 역사적으로 인도까지 페르시아 제국의 정복전쟁은 멈추지 않았고 그로 인해 음식문화에서도 인도의 음식재료를 손쉽게 경험할 수 있다. 특히, 카레를 이용한 다양한 음식들이 있으며 쌀밥 위에 간단히 카레를 얹어서 먹는 메뉴는 가정 및 길거리에서도 어렵지 않게 경험할 수 있다. 특히, 중동국가들의 카레 또는 음식에는 사프란(saffron)이라는 향신료를 사용하기 때문에 한국인들에게는 다소 낯설다.

요거트를 자주 섭취하는데 한국에서 소비하는 요거트와는 그 맛이 매우 다르고 신맛이 강하여 첫 시식에서 비호감이 될 수도 있다.

고기를 즐기는 문화이지만 모든 고기(돼지고기는 금기시됨)를 섭취하지는 않고 양을 가장 선호하며, 한국에도 많이 알려진 케밥(kebab: 꼬치에 야채 및 고기를 끼워서 구워 먹는 메뉴)을 많이 소비한다. 무화과와 대추는 건조한 기후에서 자라야 단맛이 훨씬 강해지기 때문에 중동지역에서 생산되는 열대과일들의 맛은 다른 기후에서 자라는 같은 과일에 비해서 단맛이 강하다(Zubaida & Tapper, 1994).

이란의 음식문화도 독립적으로 자국 내에서만 발전된 것이 아니다. 즉, 한 국가의 음식은 자신들의 소원대로 그들만의 순수한 전통으로만 담아 낼 수는 없다. 그 이유는 국가 간에 전쟁을 하거나 교역활동이 이루어지면 상호 간에 도움이 되는 문물을 교환하게 되는데 그 사이에 향신료나 조미료 등의 식재료도 포함된다. 이것이 전통이라는 요소에 융합되면서 그 나라의 전통적인 메뉴로 발전되는 것이기 때문이다. 예를 들어, 채소를 쌈으로 먹는 메뉴들은 중동국가의 기후 여건상 생산환경이 척박하여 소비자의 수요를 담아내지 못했다. 이러한 부족분은 주변 국가들의 잉여 생산물과 교역하며 채우게 되었는데, 쌈 채소(포도 잎 및 각종 채소 잎)는 터키 또는 인도에서 유입된 오랜 음식문화 중 하나이다(Zubaida & Tapper, 1994).

이란 가정이나 길거리에서 쉽게 소비할 수 있는 음식은 난(nan)이라는 빵인데, 한국의 전과 비슷하게 생겼다. 얇은 것도 있고 조금 두꺼운 것도 있는데 식사 자리에는 항상 제공된다고 할 만큼 즐겨 먹으며 소스에 찍어 먹거나 음식을 싸서 먹기도 한다. 한국에서 삼겹살을 상추나 깻잎에 싸 먹는 것과 같다고 생각하면 된다.

소스는 수프로 먹기도 하며 음식대용으로 사용하기도 한다. 양고기를 잘게 썰어서 병아리콩(chickpeas)을 추가하여 토마토 수프에 섞어서 끓이면 된다. 간단한 메뉴이며 이란인들의 메뉴를 조금 더 경험하고 싶으면 수프에 향신료가 될 수 있는 것들을 추가하면 된다. 야채로는 가지를 자주 사용하며 요거트를 수프에 넣으면 깊은 맛과 향을 경험할 수 있다.

3. 한국과 이란의 문화 차이 비교

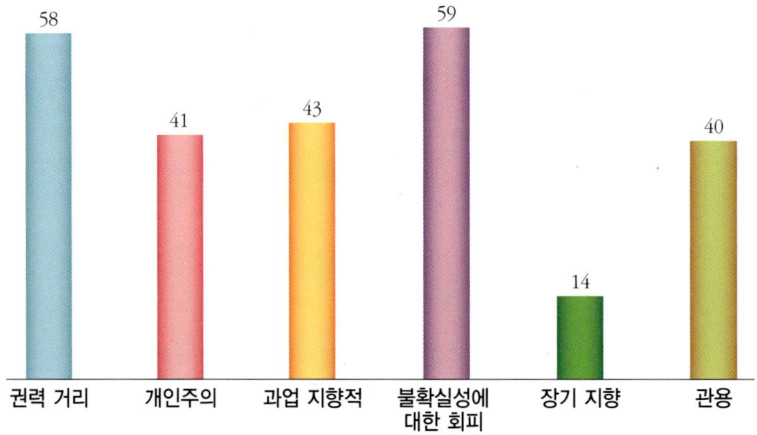

권력 거리 지수(power distance index)

이란은 계층이 존재하는 사회이며 소수 그룹이 다수를 지배하는 구조로 되어 있다. 이러한 계층 구조에 대하여 국민들은 불편할 수도 있지만 자연스럽게 받아들인다. 전제정치를 추구하는 문화이며 조직이나 기관에서의 불평등이 어느 정도 용인되는 문화이다.

개인주의 vs. 집단주의(individualism vs. collectivism)

공동체적 사고를 지닌 집단주의 사회이며 소속 구성원들과의 관계는 장기적인 측면에서 접근한다. '나'보다는 '우리'라는 개념에 초점이 맞추어져 있으며 충성도의 정도가 사회 규범보다 중요시되는 문화이다.

과업 지향적 vs. 대인관계 지향적(masculinity vs. femininity)

대인관계에 조금 더 치우쳐 있으며 지도자는 개개인의 사고나 아이디어보다는 전체의 합의를 중요시하고 사람들은 연대감을 중요하게 간주한다. 일반적으로 갈등이 발생할 시에는 협상을 통해서 해결된다.

불확실성에 대한 회피 지수(uncertainty avoidance index)

회피 지수가 높은 편에 속하며 예측하지 못한 일들에 대하여 불편함을 느끼는 문화이다. 뿐만 아니라 기대하지 않은 일들이 발생하여 갈등이 생기면 인내심의 부족을 드러낸다.

참고로, 이란은 많은 중동국가에 비해서 권력의 분배가 상대적으로 공평하게 이루어져 있으며 대통령 직선제를 시행하는 국가이다.

많은 아시아국가들이 집단주의적 문화를 강하게 보이는 반면에 이란의 일상생활에서는 다소 개인주의적인 모습을 볼 수 있다. 이는 앞서 언급하였듯이 이란 국민들 스스로 중동국가의 일부로 생각하기보다는 페르시아 제국의 후예로 높은 자신감을 보이며 개인주의적 성향을 지니고 있기 때문이다.

이란의 서점

가정식에서 나눠 먹는 형식으로 나온 메뉴.
닭구이, 가지 속에 양념된 고기를 넣어서 찐 요리와 토마토 구이를 볼 수 있다.

4. 이란의 일반적인 문화 요인들

이란인들의 인사방법은 악수를 하며, 포옹을 하기도 하고, 동성(同性) 간에 볼에 키스를 하기에 첫 미팅에서는 다소 겸연쩍을 수 있다. 보수적인 사회의 특성상 말끔한 복장을 선호하는데 너무 밝은 색상은 가급적 피하는 게 좋다. 상대방과 의사소통을 할 때에는 한 팔 간격 정도의 거리를 두는 것이 좋지만, 한국인들에게는 다소 가깝게 느껴질 수 있다. 매우 주의해야 할 표현은 검지를 이용하여 무엇인가를 가리키는 행위인데 상대방을 욕보이는 것으로 오해받을 수 있다.

이슬람 국가를 방문할 때에는 왼손은 비위생적이라 생각하기 때문에 오른손으로 식사를 해야 하며, 술이 허용되지 않기 때문에 기대하지 말아야 한다. 식사를 마칠 때는 접시에 약간의 음식을 남기는 것을 예의로 간주하고 있다.

복장은 넥타이를 하지 않으며 긴 스커트도 입지 않으며 짧은 상의는 괜찮지만 무릎 위로 올라가는 바지는 금기시하는 관습이 있기 때문에 주의해야 한다.

레시피 이란 그릴 케밥(kebab morgh) 레시피

재료

〈8인분 재료〉

양파 - 2개
레몬주스 - 6큰술
소금 - 1½작은술
뼈 없는 닭 - 1kg
녹인 버터 - 4큰술
사프란(향신료) - 약간

조리방법

1. 양파, 레몬주스, 소금을 믹서기에 넣고 갈아 준다.
2. 치킨을 먹고 싶은 사이즈로 잘라서 1의 믹스된 내용물에 약 3시간 동안 재워 둔다.
3. 치킨을 꼬챙이에 꽂아 준다.
4. 녹인 버터에 사프란을 넣어서 섞어 주고 위의 양념에 함께 섞어 준다.
5. 브러시를 이용하여 양념을 치킨에 발라 준다.
6. 브로일러(broiler: 위에서 불이 나오는 조리 기구)나 그릴을 달궈 준다.
7. 꼬챙이 치킨을 15분 정도 구우면서 남은 양념이 있으면 5분 마다 앞뒤로 발라 주면 된다.

일본 Japan

1. 일본의 다양한 환경 요인

한국과 이웃해 있으며 섬으로 이루어진 국가이다. 자연환경에 노출이 심한 지리적 위치로 인해서 쓰나미, 지진 등의 재난을 가끔씩 경험하게 된다. 오랜 기간에 걸쳐서 자연재해에 노출되어 있는 탓에 건물을 견고하고 재난에 잘 견디게 짓는 노하우도 터득하였다(Hirokawa & Osaragi, 2016).

쌀을 주식으로 하며 사면(四面)이 바다와 인접해 있는 이유로 수산물 생산력은 세계의 8%에 해당하며 이러한 이유와 맞물려서 해산물을 즐겨 먹는다(Weston, 2002)

일본의 농작법은 역사적으로 중국이나 한국을 거쳐서 유입되었다고 전해지고 있으며 대표적인 생산품으로는 쌀과 간장, 두부 등을 들 수 있다(Weston, 2002). 일본의 종교문화는 한 가지에 집중되어 있지 않으며 불교, 유교, 기독교 등의 다양한 문화가 형성되어 있고 각종 미신 등도 존재한다. 독특한 것은 조상을 숭배하는 기념의식을 매우 뜻깊게 여기기 때문에 역사적인 과오(過誤)에 대하여 성찰(省察)하지 않는다는 비난을 받기도 한다.

2. 일본의 음식문화

대표적인 일본음식은 스시(sushi)로 전 세계에 잘 알려져 있으며 음식에 대한 장인(匠人)정신이 탁월하다. 역사적으로 다른 아시아 국가들에 비해 일찍 서양과 교역하여 서양 문화를 받아들이면서 음식문화에도 변화를 맞이하였다. 네덜란드와의 교역으로 감자, 고구마, 옥수수가 소개되었고, 포르투갈과의 교역은 뎀뿌라(tempura)를 현재 일본 대표 음식 중의 하나로 바꾸는 계기가 되었다(Weston, 2002).

현대사회에 일본의 음식은 쌀과 면을 기본으로 하는 메뉴들이 즐비하며, 간장과 된장도 대표 음식이다. 쌀을 주재료로 사용하는 메뉴는 스시와 덮밥이 있는데 스시는 양념된 밥을 주먹을 편안하게 오므렸을 때 손바닥 안에 위치하는 정도의 크기로 뭉쳐 밥과 각종 해산물을 얇게 저며서 얹어 먹으며, 덮밥은 조림음식을 하는 소스에 밥을 비벼서 먹는 메뉴로 볼 수 있다.

한국의 간장과 된장은 다소 어두운 색깔이 보편적인 것에 비해 일본의 간장과 된장은 색이 다양하여 음식을 조리하는 데 많은 이점을 보이고 있어 이웃한 한국의 음식에서도 종종 사용된다.

일본의 기념일

일본은 새해를 가장 큰 국경일로 간주하는데 가족들이 함께 모여 갖가지 형형색색의 음식을 만들고 이웃과도 나눠 먹는 풍습이 있다. 하지만 도시화되어 가는 과정 중에 이러한 오래된 풍습은 점차 희미해져 가고 있다. 그 이외의 국경일은 어린이날(5월 5일)과 소녀들의 날(3월 3일, 인형축제라고도 함) 등이 있다. 특히 일본인들은 빨간색을 선호하며 빨간색은 기쁨과 행운의 색으로 풍요로움을 상징한다고 한다. 이러한 까닭에 의상, 음식, 장식 등에는 빨간색으로 입혀진 것들을 손쉽게 찾을 수 있다(Brown & Brown, 2006).

3. 한국과 일본의 문화 차이 비교

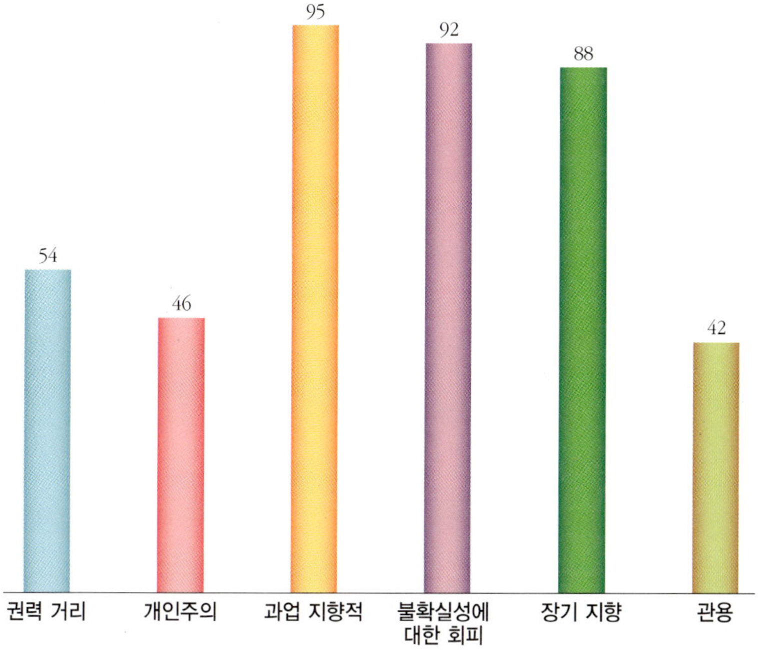

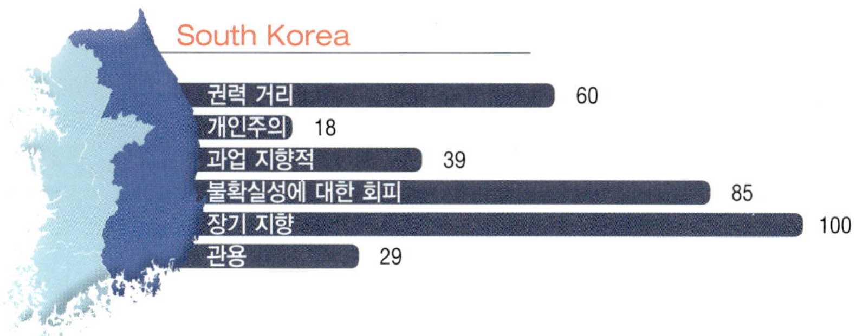

일반적으로 일본은 한국과 인접해 있는 국가로 많이 알려져 있다. 역사적으로 한국과 일본은 평화 시에는 활발한 교역을 하였지만 일본의 호전(好戰)적인 모습은 늘 잠재되어 있을 것이다.

권력 거리 지수(power distance index)

일본의 권력 분배는 왕을 중심으로 이루어진 만큼 계층적인 문화가 존재한다. 하지만 한국에 비하면 다소 그 집중화가 약한 편이다. 많은 아시아 국가들과 비교·분석한 것을 살펴보면 그 권력의 집중 정도가 약한 편이라고 할 수 있다. 외국의 견지에서 볼 때, 일본의 조직 문화는 top-down 방식으로 의사결정이 느리며 최종 결정을 하는 데 있어서 반드시 기관이나 조직 수장의 승인을 받도록 되어 있는 구조이다.

개인주의 vs. 집단주의(individualism vs. collectivism)

개인주의적 사고를 지닌 사회이지만 집단주의적 성격이 더 많이 드러난다. 개인의 의견을 중시하기보다는 소속 구성원 전체의 의견이 우선시된다. 면목 또는 명예에 대하여 매우 무겁게 받아들이는 문화인 만큼 개개인의 행동은 주변인들의 시선에 많은 영향을 받는다.

과업 지향적 vs. 대인관계 지향적(masculinity vs. femininity)

과업 지향적 사회이며 이 부분에 있어서는 전 세계의 최고 수치를 보이고 있는 국가이다. 경쟁을 권장할 뿐만 아니라 반드시 이겨야 한다는 동기부여가 탁월한 문화이다. 많은 산업분야에 있어서도 완벽을 기하려는 노력이 작은 조직부터 큰 조직까지 전반적으로 펴져 있으며 현대사회의 일본제품이나 서비스가 세계시장에서 많은 인정을 받고 있는 것도 위의 설명과 무관하지 않다.

불확실성에 대한 회피 지수(uncertainty avoidance index)

한국보다도 회피 본능이 강한 문화이며 자연환경은 예견하지 못할 만큼 그들의 삶을 위협한다. 이에 대해 일본인들은 어린 시절부터 '어떻게', '무엇을' 대비해야 하는지를 교육받는다. 그들은 예측하지 못하는 자연재해에서 '예방'만이 생존할 수 있는 방법이라고 굳게 믿는다. 이러한 모습은 한국 문화에도 충분히 도입되어야 할 것이다.

참고로, 일본이 한국과의 비교에서 가장 큰 차이를 나타내는 것은 일본의 목표지향적이며 과업성취에 대한 열정은 전 세계에서 최고의 자리에 있다는 것이다. 이러한 수치는 역사적으로도 증명될 수 있는데, 일본 국민들 개개인과의 교류에서는 매우 친절하다는 이미지를 보이지만, 국가적인 문화에서는 뚜렷한 목표를 가지고 있으며 이를 적극적으로 활용하려는 사회라고 할 수 있다. 흔히들 한국이 일본의 10여 년 또는 5여 년 전의 모습을 담고 있다고 하는데 그렇다고 하여 일본을 모델로 삼는 것은 아니다.

4. 일본의 일반적인 문화 요인들

격식을 많이 따지는 문화가 아니기에 편안한 복장을 선호하지만 목적이나 기념일이 있을 때에는 말끔한 복장를 지켜 주는 것이 예의이다.

고개를 숙여서 인사를 하는 것이 가장 일반화되어 있으며 악수를 통해 인사를 나누기도 한다. 의사소통할 때에는 너무 가깝지 않게 약 2~3발짝 정도의 공간을 두고 얘기하는 것을 선호한다. 포옹하거나 눈을 오랫동안 마주쳐서 인사하는 것에 다소 불편함을 느낀다.

자리에 앉을 때는 손을 무릎 위에 올려놓고, 고개를 살짝 숙여서 자주 인사하는 것을 예의 있게 생각한다. 비언어적인 표현들은 한국과 유사하여 크게 주의해야 할 필요는 없을 것이다.

식사에 초대되었을 때에는 건배(乾杯)를 하기 때문에 먼저 먹는 것은 주의해야 하며, 젓가락으로 가리키는 행위는 금지해야 한다. 음식을 나눠 먹는 문화이기 때문에 한국인들에게는 많이 낯설지는 않을 것이다.

약속시간을 지키는 것은 매우 중요한 덕목이며 작은 선물을 준비하는 것도 선호한다. 의사 표현은 간접적, 즉 우회적이기 때문에 언급하고 싶은 주제가 있을 때에 직설적인 표현은 삼가는 게 좋다.

레시피

일본 스시(sushi)

재료

김발
김, 밥 - 적당량
식초 - 1큰술
물 - 4컵
와사비 - 적당량

아보카도, 오이, 당근 - 1개씩(다른 야채도 괜찮음)
새우, 문어, 연어 등(삶은 것) - 적당량(다른 생선도 괜찮음)

조리방법

1. 김을 김발 위에 올린다.
2. 식초와 물을 잘 섞어 식초 물을 만든다.
   * 기호에 따라 식초 물에 미림 ½큰술을 넣어도 된다.
3. 오른손에 식초 물을 묻히고 밥 3큰술을 김 위에 골고루 깔아 준다.
   * 밥과 식초 물을 미리 섞어 사용해도 된다.
   * 밥을 깔고 뒤집어서 김 위에 재료를 넣고 말아도 된다.
4. 와사비 ⅛작은술을 밥 위에 길게 가로로 깔아 준다.
5. 야채 및 생선을 와사비 위에 길게 가로로 올려 준다.
6. 김발로 천천히 말고 김의 끝 부분에 밥 몇 알을 으깨어 붙여 준다.

Tips 1: 3의 과정에서 야채만 넣고 말은 후 생선은 다 말고 난 후 위에 올려 주어도 된다.

Tips 2: 한국의 김밥과 같이 말아 주면 김밥 모양의 스시가 되며, 김을 사용하지 않고 식초 물과 섞은 밥 1큰술을 뭉쳐서 풋볼 모양으로 만들어 주고 와사비를 살짝 얹고 그 위에 생선을 올려 줘도 된다.

레시피

일본 뎀부라(tempura)

재료

〈4인분 재료〉

청주 - ½컵, 소금 - ¼작은술
새우(손질한 것) - 500g
식용유 - 2ℓ, 중력분 - ¼컵, 얼음물 - ⅓컵
옥수수 전분가루 - ¼컵
계란(노른자위) - 1개
설탕 - ¼작은술
유지(shortening) - 1작은술
베이킹 파우더 - 1작은술

조리방법

1. 중간 크기의 그릇에 청주와 소금을 섞는다.
2. 새우를 청주와 소금물을 혼합한 그릇에 넣고 약 20분간 재어 놓는다.
3. 프라이팬에 식용유를 붓고 190℃로 예열한다.
4. 다른 그릇에 중력분, 전분가루, 노른자, 소금, 설탕, 유지, 베이킹 파우더를 섞고 얼음물을 천천히 부으면서 버무린다.
5. 2에서 새우를 꺼내고 물기를 털어낸 후 반죽에 골고루 묻혀서 끓는 식용유에 하나씩 넣어 준다.
6. 전면이 골고루 익을 수 있도록 중간에 계속 저어 주고 약 2분 후 노릇노릇해지면 꺼내서 키친타월 위에 올려 기름을 빼내면 된다.

culture food life nation continent

08 CHAPTER 북·중미 국가의 문화

Mexico 멕시코

1. 멕시코의 다양한 환경 요인

북중미(멕시코, 미국, 캐나다 등) 지역에 위치한 멕시코는 북한이 포함된 대한민국의 9배 그리고 남한(한국)의 19.6배에 해당하는 세계의 13번째로 큰 영토를 가지고 있는 국가이다. 멕시코는 북부, 중부 그리고 동남부 등 크게 세 지역으로 구분 짓고 있는데 북부지역은 몬테레이 지역을 제외하고는 거주민이 많지 않으며 사막 같은 지형을 보이는 곳이다. 북부지역은 미국과 국경이 접해 있으며 종종 미국으로 밀입국하는 문제로 인해 미국과 갈등을 일으키는 지역이기도 하다. 중부와 중서부 지역은 멕시코의 중심부로 오래된 인디언 전통문화를 자랑하며 산업화가 잘 반영된 곳이기도 하다.

멕시코의 남부지역은 아열대 기후를 보이고 있으며 숲이 울창하고 경제적으로는 멕시코의 빈약한 삶을 목격하는 곳이지만 오래된 전통문화를 경험하기에는 가장 적합한 곳이기도 하다(Geddes & Garcia, 2000).

멕시코는 아즈텍(Aztecs) 문명으로 잘 알려져 있는 고대 국가이며 그 문명은 멕시코의 중부지역에 분포되어 있고 남부지역으로는 마야문명이 잘 보존되어 있기도 하다.

멕시코인의 기념일

멕시코는 약 80%가 로마 가톨릭교를 믿고 있으며 소수지만 기독교를 믿는 시민들이 있다. 가톨릭 또는 기독교 국가들과 유사하게 크리스마스와 부활절은 가장 큰 축제로 자리 잡고 있으며 다른 축제들은 주 자체나 마을에 따라서 그 유형을 달리한다. 축제는 일반적으로 그 지역의 코스튬(그 나라의 전통춤에 사용되는 의상)을 하거나, 길거리에서 춤을 추고, 상인들은 분주하게 스낵, 지역 특산품, 과자들을 판매한다.

멕시코의 대표적인 축제로는 새해를 기념하는 1월 1일을 기념하기 위해 새해를 맞기 전날에 각양각색의 파티를 즐기며, 1월 6일에는 '동방박사의 날(Día de Reyes)'이라는 기념일로 미국의 핼러윈(Halloween)과 같이 분장을 하고 길거리를 돌아다니거나 가정을 방문하여 아이들에게 사탕을 주는 풍습이 있다. 어느 지역에서는 동그란 빵 안에 작은 보물(조각품)을 숨겨두는데 그것을 발견한 사람은 2월 2일에 파티를 열어야 한다는 흥미로운 풍습도 있다(Food in Every Country).

3월 21일은 멕시코인들이 존중하는 대통령 베니토 후아레스(Benito Juárez)의 탄생일을 기념하는 날이며 대통령의 업적을 기리는 행사를 진행한다.

위의 기념일에는 각각의 특별한 의식과 음식으로 기리는 전통을 가지고 있다.

2. 멕시코의 음식문화

멕시코의 대표적 음식재료는 옥수수, 콩, 고추, 토마토로 유명하다. 고대 인디언 부족들은 사냥에 나서 칠면조, 토끼, 사슴 그리고 꿩을 잡아서 단백질을 섭취하였다고 한다. 스페인의 침략과 더불어 음식문화에도 많은 변화를 가져왔는데 가축을 기르게 되었고 이로 인해 소, 양, 돼지, 염소, 닭 등을 사육하는 방법을 알게 되었으며 스페인이 인도를 통해서 얻은 사탕수수를 멕시코 지역으로 전달했던 유래를 가지고 있다(Food in Every Country). 이러한 역사적 배경으로 스페인과 멕시코는 음식문화가 유사하다.

옥수수는 멕시코의 대표적 음식재료로서 다양한 음식에 사용된다. 대표적 음식으로는 토르티야(tortilla)로 한국의 밀가루로 만든 전과 비슷하다. 옥수수를 삶으면 포졸(pozole)이라는 멕시코인들이 즐겨 먹는 수프가 된다. 멕시코에서는 기후의 영향으로 호박, 고구마, 아보카도, 망고, 파인애플 등 열대과일을 쉽게 얻을 수 있다.

다양한 요리 중에서도 고추와 지역의 허브를 사용한 것이 많이 있는데 고추 중에서는 할라페뇨(jalapeno), 포블라노(poblano), 세라노(serrano), 치포틀(chipotle)이 우리에게 많이 알려져 있으며 허브는 고수(cilantro), 타임(thyme), 쿠민(cumin), 계피(cinnamon) 등이 유명하다.

앞서 지적하였듯이 멕시코 및 중남미의 많은 국가들이 스페인의 점령기간을 통해 음식문화에도 많은 영향을 받았는데 멕시코의 음식문화가 특히 스페인의 음식과 유사한 점들이 많다.

멕시코의 음식들이 비싸지 않다는 소문은 옥수수나 각종 지역의 생산물품을 주재료로 사용하고 있으며 고기가 들어가기는 하지만 콩이나 토마토 등을 이용한 요리들이 많은 이유로 가격의 적정화가 이루어졌다고 할 수 있다.

멕시코의 식사와 관습

'데사유노(desayuno)'는 멕시코의 아침으로 대부분의 사람들이 먹으며, 아침은 이른 시간에 먹고 대부분 가볍게 먹는 편이다. 잘 알려졌다시피 멕시코는 OECD 국가에서 노동시간이 한국 노동자보다 많은 유일한 국가이다. 2015년 기준으로 한국은 2,113시간으로 멕시코의 2,246시간보다 조금 적다. 이 수치는 2000년도의 한국 노동자 2,512시간에 비해 조금씩 감소추세를 보이고 있지만 멕시코는 2000년도의 2,311시간에 비해 증가추세를 보이고 있다(stats.oecd.org). 이는 멕시코 노동자들이 조식을 매우 일찍 소비하여야 함을 알 수 있다.

아침 식사로 토르티야에 치즈나 야채를 얹어서 간단히 먹으며 핫초코나 라떼와 함께 아침을 해결한다. 토르티야 대신에 보이야스(bolillas)라는 롤빵을 따뜻한 음료와 함께 먹기도 한다. 생활 양식이 조금씩 변화하면서 간단한 조식에 과일, 아보카도 등이 포함되면서 조식문화가 간단함을 추구하던 문화에서 아침 식사시간을 즐기는 문화로 변화하고 있다.

전통적으로는 점심 식사시간에 가족들과 함께 식사하기도 하였으나 생활 환경의 변화에 따라서 외부에서 먹게 되었으며 간간히 스낵을 즐길 수 있는 '메리엔다(merienda)'라는 휴식시간이 있다.

멕시코 토르티야 롤(토르티야에 완두 콩, 옥수수, 고추, 양파, 쌀 등을 넣어서 양념을 하여 쌈을 싼 메뉴)

이렇게 간간히 즐기는 스낵시간에는 길거리에서 신선한 과일을 갈아 만든 과일주스, 견과류 등을 쉽게 접할 수 있다.

저녁 식사는 '세나(cena)'라고 부르며, 토르티야와 콩을 으깨서 야채, 토마토 그리고 각종 양념을 넣어서 먹는 '푸리홀(frijoles)'을 즐긴다.

3. 한국과 멕시코 문화 차이 비교

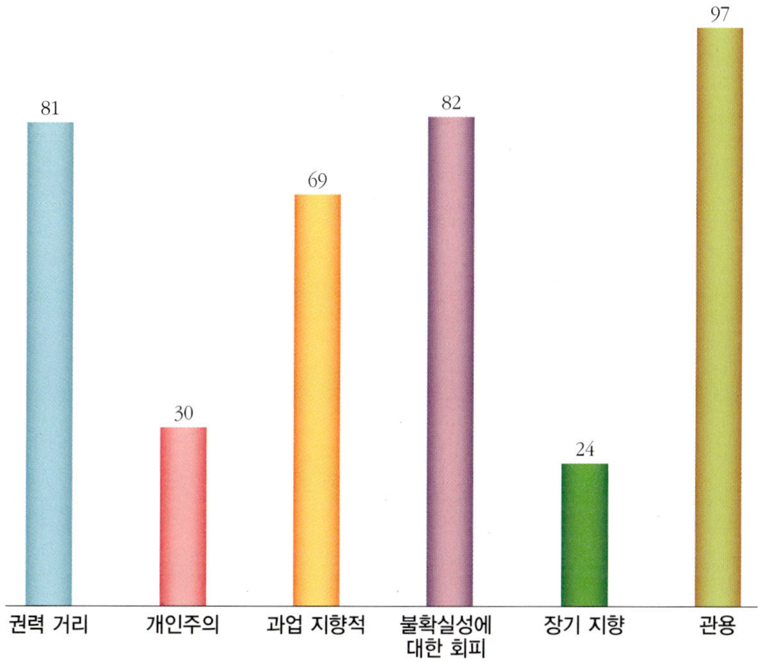

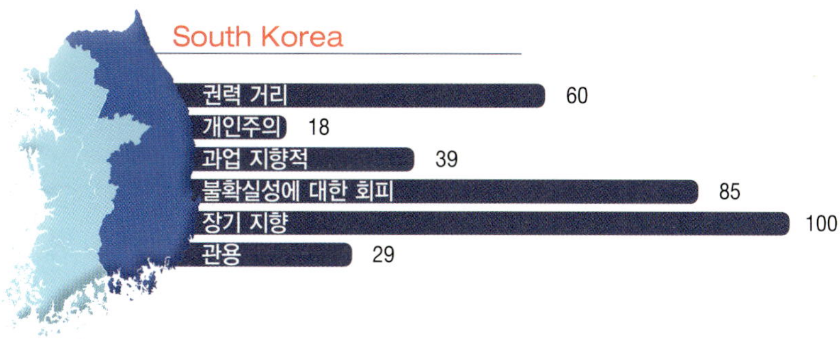

권력 거리 지수(power distance index)

멕시코의 문화에서는 계층 차이가 뚜렷하나. 고대사회의 계급사회 성노는 아니지만 경제적인 여건에 따라서 삶의 방식과 사회의 중요한 부분에 대하여 소수 계층이 권력을 독점하고 있다. 불평등한 구조와 권력의 중앙집권화가 되어 있어서 기관의 하위 계층은 상위 계층의 명령을 받는 구조이며 전제 정치적인 모습을 보인다.

개인주의 vs. 집단주의(individualism vs. collectivism)

집단주의 문화이며 자신이 소속된 사회와의 오랜 관계에 기초하여 의사결정이 이루어진다. 충성도가 높으며 이러한 현상은 규율이나 규제보다도 상위 개념으로 받아들인다. 멕시코 사회는 소속 구성원들이 서로의 책임을 함께 공유하도록 하는 강한 연대감이 형성되어 있다.

과업 지향적 vs. 대인관계 지향적(masculinity vs. femininity)

'일을 위해서 태어났다.'라는 표현이 적절해 보이는 문화이며 세계에서 가장 많은 시간을 노동(직업)에 할애한다. 명확하고 다소 공격적이며 경쟁과 결과에 기초한 평가가 이루어지는 사회이다.

불확실성에 대한 회피 지수(uncertainty avoidance index)

불확실성에 대한 회피 지수는 한국과 매우 유사한 수치를 보인다. 예상하지 못하는 일에 대하여 매우 민감하게 반응하고 인내심이 부족하다. 이성적인 판단보다는 감성에 호소하는 면이 강하며 바쁘고 일에 몰두하는 시간이 많다. 혁신보다는 안정을 우선적으로 받아들인다.

4. 멕시코의 일반적인 문화 요인들

멕시코의 의상은 보통 편안한 의복을 선호하지만 보수적인 사회인 만큼 아직까지도 의상에서 다소 보수적인 이미지를 보이고 있다. 멕시코인들은 인사할 때 악수하는 것을 선호하며, 포옹과 볼에 키스를 하여 서로에 대한 신뢰를 보이기도 한다. 또한 어깨를 살짝 두드려 주기도 한다.

멕시코에서는 특히 손을 주머니에 넣고 있는 것은 여러 가지로 오해의 소지가 있으므로 주의해야 한다.

식사에 초대되었을 때는 먼저 의자에 착석하는 것은 좋지 않다. 안내가 있기 전에는 잠시 기다리고 있는 것이 예의이며, 테이블을 떠나는 것은 그리 선호하는 행위는 아니다. 음식을 접시에 조금 남겨두는 것은 중국의 식사문화와 유사하다. 접시에 있는 음식을 다 소비하면 음식이 부족하다고 생각하는데 한국에서는 음식을 청결하게 먹는다고 여기는 문화와는 다소 다르다.

시간에 대하여 철저한 문화는 아니다. 그렇다고 늦는 것을 선호하지는 않는다. 약속한 시간에 약간의 기다림은 미덕으로 이해하고 있으며 이웃국가인 미국과는 달리 의사소통에 있어서 반드시 눈을 마주치고 얘기하지지 않아도 되며 의사소통이 한국과 유사하게 간접적인 방법을 선호하는 문화이기에 한국인들에게는 다소 편안함을 갖게 한다.

멕시코 과카몰리(guacamole) 소스와 칩(chips)

레시피 멕시코 케사디야(quesadillas)

재료

〈1인분 재료〉

토르티야-2개
치즈(간 것)-1컵
살사 소스(salsa)-1컵

조리방법

1. 넓은 팬을 약한 불에 달군다.
2. 토르티야를 팬에 놓고 살사 소스 2큰술을 토르티야 위에 골고루 뿌려 주고, 치즈 1컵을 소스 위 토르티야 전체에 뿌려 준다.
3. 치즈가 녹기 시작하면 토르티야를 반으로 접는다.
4. 토르티야의 바닥이 노르스름할 때까지 구워 주면 된다.

Tips: 토르티야 속에는 잘게 썰어서 이미 조리된 고기(닭고기, 소고기 등)를 위 2번의 끝 부분에 길게 가로로 뿌려 줘도 좋다.

레시피 멕시코 과카몰리(guacamole)

재료

〈4인분 재료〉

아보카도(껍질을 벗기고 으깬 것)-3개
라임-1개, 소금-1작은술, 양파(다진 것)-½컵
고수(cilantro, 잘게 썬 것)-3큰술
토마토(잘게 썬 것)-2개
마늘(다진 것)-1작은술
카옌(cayenne) 고춧가루-⅛작은술

조리방법

1. 중간 크기의 그릇에 위의 재료들을 함께 넣어서 으깨고 냉장고에 1시간 가량 넣어 두면 된다.

United States 미국

1. 미국의 다양한 환경 요인

미국인의 삶

유럽에서 이주해 온 사람들과 전 세계의 다양한 인종들의 집합체인 국가이다. 역사적으로 유럽인들이 현재의 뉴잉글랜드[1] 지역에 이주해 온 후 정착하기 시작하면서 미국대륙의 원주민이었던 인디언들과의 치열한 정복전쟁으로 지금의 미국이 탄생되었다. 러시아 다음으로 큰 영토를 자랑하고 있으며 동 시간대에 사계절이 존재할 만큼 다양한 계절과 기후를 갖고 있다.

캐나다, 멕시코 등의 국가와 함께 북중미 대륙의 중요한 역할을 하고 있으며 전 세계 기술과, 정보 등이 총망라되어 있는 국가라고 할 수 있다. 일반적으로 미국을 표현할 때에 멜팅팟(melting pot)이라고 하는데 이렇게 표현하는 이유는 다양한 인종들이 모여 살고 있고 넓은 지역인 만큼 각 주마다 또는 동서남북의 지리적 위치에 따라서 독특한 문화를 형성하고 있기 때문이다.

미국 기념일

넓은 영토 탓에 다양한 문화가 존재하고는 있지만 미국의 전 지역에서 기념을 하는 몇몇 행사들이 있다. 특히, 크리스마스를 중요시하는데, 가족 구성원이 모여서 서로가 갖고 온 선물을 교환하고 음식을 만들어 먹는 풍습이 있다. 크리스마스가 있기 약 1개월 전에는 추수감사절(Thanksgiving Day, 11월 넷째 주 목요

1) 미국 동북부 6개주를 칭함: 코네티컷(Connecticut), 메인(Maine), 메사추세츠(Massachusetts), 뉴 햄프셔(New Hampshire), 로드 아일랜드(Rhode Island), 버몬트(Vermont)가 있다.

일)이 있는데 칠면조를 구워 먹는 음식문화가 있다. 한국의 명절이나 추석과 같이 멀리 떨어져 생활하고 있는 가족들이 이때에 맞추어 집으로 모여서 음식을 만들고 나눠 먹는 시간을 보낸다. 일반적으로 여성들이 음식을 하고 남성들은 집 앞 야외 활동을 한다.

추수감사절부터 크리스마스 사이 약 1개월 동안에는 미국 전 지역에서 대단위의 할인행사가 열리며 이 기간에는 모든 제품의 30%, 최대 80% 할인된 가격으로 물품들을 구입할 수 있다.

각 주마다 다양한 크고 작은 축제들이 있으며 지역 주민들이 참여하고 지역 농산물들을 맛볼 수 있는 기회이기도 하다.

2. 미국 동북부 지역의 특색

대서양을 끼고 있으며 지역의 크기에 비해 인구 밀집도가 전반적으로 높은 지역으로 약 1천 4백만 명이 이곳에 거주한다.

토착 원주민(인디언)들과의 오랜 갈등이 존재하고는 있지만 원주민들을 통해서 농작물 재배하는 법을 터득하였다. 게다가 유럽에서 가지고 온 새로운 기술을 접목하여 콩이나 애호박 같은 야채를 재배하였고 현대사회의 미국 동북부 지역의 음식문화에서도 이러한 재료를 이용한 메뉴들이 많다.

연안을 끼고 있어서 해산물을 이용한 메뉴들이 많으며 특히 대구(cod)를 이용하여 튀김요리가 유명하다. 뿐만 아니라, 원주민들의 오랜 조리 방식을 새롭게 고안하여 빵(Boston brown bread)이나 조개수프(clam chowder), 그리고 메이플 시럽 등을 이용한 메뉴들이 많다.

일년 중 쌀쌀한 날씨가 많기 때문에 다양한 종류의 베리(berries)가 생산되기에 적합한 기후이다. 이를 이용한 푸딩(pudding)이나 베리를 넣은 케이크 등이 유명하다.

레시피

미국 동북부 조개 수프(New England clam chowder)

재료

〈8인분 재료〉

베이컨-4슬라이스
다진 양파-1½컵
물-1½컵
감자(잘게 썬 것)-4컵
소금-1½작은술, 후춧가루-⅛작은술
우유-3컵, 버터-3큰술
깡통 조개(canned clam)-300g

조리방법

1. 중불 위에 냄비를 올려 놓고 베이컨을 굽는다.
2. 바삭하게 조리되면 양파를 넣고 5분 정도 잘 볶아 준다.
3. 물과 감자를 넣고, 소금과 후추로 간을 하여 15분 정도 끓인다.
4. 우유와 버터를 넣고 깡통 조개와 국물을 반 정도 함께 넣고 5분간 끓여 주면 된다.

3. 미국 남부지역의 특색

미국의 남부지역은 독특한 관습, 음식, 그리고 언어 등에 이르기까지 그들만의 독특한 문화를 가지고 있다. 남부지역의 대표적인 주로는 앨라배마, 아칸소, 플로리다, 조지아, 켄터키, 루이지애나, 미시시피, 노스캐롤라이나, 오클라호마, 사우스 캐롤라이나, 테네시, 텍사스, 버지니아, 웨스트버지니아가 있다.

옥수수와 목화를 많이 재배하며 기후조건이 적합하여 열대과일을 재배하기에도 안성맞춤이다. 흑인의 인구수가 많은 지역이기도 하고 인종차별이 가장 성행했던 곳이기도 하다. 특히, 마틴 루터 킹 목사(Reverend Martin Luther King)의 인권운동이 치열하게 전개되었던 곳이며 교육기관에 가장 마지막까지도 흑인 학생을 받지 않았던 암흑기 시대상이었던 곳도 남부지역이다.

미국의 전통적인 음식을 경험하기 위해서는 남부의 음식을 제외하고는 설명을 할 수 없을 만큼 혼이 깃들어 있다. 루이지애나주는 해산물로 유명하여 가재를 이용한 메뉴와 메기 튀김도 이 지역의 대표적인 메뉴이다.

남부지역의 음식문화는 튀김 요리(fried chicken & catfish)가 많거나 고기를 구워 먹는(grilled steak) 메뉴들이 즐비하다.

남부지역의 기념일

남부지역의 대표적인 기념일은 루이지애나 주에서 열리는 마르디 그라스(Mardi Gras-Fat Tuesday)로 금식기간이 시작되기 전을 기념하기 위해 열리는 축제이다. 한때, 프랑스의 지배에 있었던 영향으로 길거리 퍼레이드, 재즈 음악, 남부 스타일의 해산물, 구이, 야채 요리 등을 맛볼 수 있다.

레시피

미국 남부 검보(gumbo)

재료

〈5인분 재료〉

중력분 - ¼컵, 베이컨 볶고 남은 기름 - ¼컵
셀러리(잘게 썬 것) - ¼컵, 양파(잘게 썬 것) - ¼개
파프리카 - ¼개, 마늘(다진 것) - ½개
훈제 소시지(슬라이스) - 150g
물 - 4컵, 소고기 부용(beef bouillon) - 2개
설탕 - 1작은술, 핫소스 - 2작은술
케이준 양념(cajun seasoning) - ¼작은술
월계수 잎 - 1개, 타임(thyme) - ¼작은술
토마토 소스 - 150g, 오크라 - 60g
식초 - 2작은술, 게살 - 150g
새우 - 150g, 우스터 소스 - 1½작은술

조리방법

1. 베이컨 기름 일부를 중력분과 섞은 후 중불로 달군 팬에 넣어서 걸쭉한 갈색이 될 때까지 천천히 계속 저어 준다
   * 루(Roux) 만드는 과정: 전분과 같은 역할로 소스를 걸쭉하게 만들어 줌
2. 양파, 피망, 마늘을 블렌더에 넣고 간 후 1의 루와 섞어 준다.
3. 2를 저어 주면서 소시지를 넣고 약~중불에서 10분간 끓여 준다.
4. 냄비에 소고기 부용과 물을 함께 넣어서 끓이다가 3을 넣어 준다.
5. 불을 약하게 줄이고 설탕, 소금, 후추를 넣어서 간을 한 후 케이준 양념, 월계수, 타임, 토마토 소스를 추가하여 준다.
6. 1시간 가량 약불에서 끓여 준다.
7. 6을 끓이는 동안, 다른 팬에 남은 베이컨 기름을 넣고 오크라, 식초를 추가하여 약불에서 볶아 준다.
8. 게살, 우스터 소스, 새우를 넣어서 45분 정도 천천히 끓여 주면 된다.
9. 밥이 있으면 밥과 함께 서빙하면 된다.

4. 미국 서부 지역의 특색

콜로라도주에 있는 로키산맥을 중심으로 서쪽에 위치해 있는 지역을 일컫는다. 대표적인 주는 캘리포니아, 오리건, 워싱턴이 태평양 연안을 끼고 자리 잡고 있다. 내륙으로 들어가면 몬타나, 아이다호, 네바다, 유타, 애리조나주가 있고 관광지로서 유명세를 알리고 있다. 그랜드캐니언, 그레이트솔트레이크와 그레이트솔트레이크 사막이 가로지르기도 한다. 이 지역의 인구는 4천 2백만 명이 거주하고 있다. 상대적으로 기후조건이 건조하기 때문에 식수문제로 오랜 세월 어려움을 겪었지만 이 또한 역사적인 일이 되어 버렸다.

서구영화의 한 장면이 연상될 만큼 광활한 영토를 자랑하며 전통적으로 사냥, 말타기를 즐겼으며 현대사회에서는 네바다주에 있는 라스베가스를 중심으로 도박산업이 발달되어 있다.

생산물품으로는 캘리포니아의 연안에 위치한 기후조건으로 오렌지, 포도, 무화과, 대추 등이 잘 자란다. 아이다호주는 감자가 유명하여 감자 튀김, 으깬 감자 등의 메뉴가 있다.

5. 미국과 한국의 문화 차이 비교

미국은 권력의 분배가 가장 자연스럽게 형성되어 있다. 다양한 인종이 공존하고 있는 만큼 그들의 목소리를 대변하기 위해 중앙집권적 권력 구조보다는 각 주마다의 법령을 기반으로 운영된다. 일반적으로 많은 국가는 중앙정부의 역할이 매우 크지만, 미국은 각각의 주가 정한 법에 따라서 의사결정이 이루어지며 주 단위의 군사적 힘을 보유하고 있다.

매우 개인주의적인 문화이며 앞에서 언급하였듯이 개개인의 일들에 대하여 관심을 갖지 않고 자기 자신을 독립적인 존재로 인식한다. 다양한 주의 특성상 남부지역은 상대적으로 집단주의적 사고를 엿볼 수 있지만 이와 대조적으로 미국의 서부지역은 매우 개인주의적 사고를 기반으로 삶을 영위한다.

도전과 창의성 그리고 성취욕이 매우 강한 국가인 만큼 경쟁은 자연스러운 삶의 일부분이라고 어린 시절부터 교육을 받는다. 부정적인 측면에서 '깐깐한' 이미지를 보이기도 하지만 남의 것에 탐을 내지 않는 문화라고 볼 수 있다.

가변적인 환경에 대하여 불편함을 느끼지 않으며, 예측하지 못한 일의 발생을 자연스럽게 여긴다. 이러한 다양성을 인정하기에 혁신과 창의적인 아이디어의 창출과 세계의 중심에 자리 잡고 있는 것이다.

레시피 **미국 서부 햄버거(Hambuger)**

재료

〈4인분 재료〉

계란 - 1개
머스타드 - 1작은술
우스터 소스 - 1작은술
양파 - 1개
마늘 - 1개
소금 - ½작은술
후추 - ½작은술
소고기(간 것) - 500g

조리방법

1. 그릴에 불을 켜서 예열시킨다.
2. 계란, 머스타드, 우스터 소스, 양파, 마늘을 넣어서 잘 섞어 준다.
   * 기호에 따라서 소금과 후추 간을 한다.
3. 소고기를 함께 넣어서 약하게 버무려 손바닥 안에 들어갈 정도의 크기로 떼어 낸다.
4. 그릴 위에 고기를 굽듯이 한쪽을 먼저 익히고 뒤집어서 다른 한쪽을 익힌다.
   * 뒤집는 과정을 2회 이상 하지 않고 구워야 고기의 육즙이 새어 나가지 않는다.

참고문헌

중앙일보(2015. 1. 11.). 모잠비크에서 악어 독 탄 맥주 마시고 52명 사망. 김재영.

FAS/USDA(2016). https://apps.fas.usda.gov/psdonline/circulars/livestock_poultry.pdf

Ahmed, A. U.(2009). Bangladesh climate change impacts and vulnerability: a synthesis. Climate Change Cell, Department of Environment.

Alam, U.(2015). The Foodscape: Tejgaon, Dhaka.

Belich, J.(1996). *Making Peoples a History of New Zealand from Polynesian Settlement to the End of the Nineteenth Century*. Auckland: Penguin Books.

Brittin, H. C.(2011). *food and culture around the world handbook*. Boston: Prentice Hall.

Brown, C.(2003). *A Short history of Indonesia: the unlikely nation?*. New South Wales: Allen & Unwin.

Brown, J., & Brown, J.(2006). *China, Japan, Korea: Culture and Customs*. South Carolina: BookSurge.

Buse, D. K., & Doerr, J. C.(Eds.). (1998). *Modern Germany: an encyclopedia of history, people and culture, 1871-1990*. L-Z (Vol. 2). New York: Garland.

Carpenter, M. L.(1997). *Brazil, an Awakening Giant*. Minnesota: Dillon Press.

Cassandra, H, W.(1998). *Mother Africa's Table: A Chronicle of Celebration through West African & African American Recipes and Cultural Traditions*. New York: Doubleday.

Cima, R. J.(1989). *Vietnam: A country study*(Vol. 550, No. 32). Washington, D.C.: United States Govt Printing Office.

Dahl, L.(1988). West African food and culture. https://ricediversity.org/outreach/educatorscorner/documents/WEST-AFRICAN-FOOD-AND-CULTURE-student-reading.doc.

Dalby, A.(2013). *Siren feasts: a history of food and gastronomy in Greece*. London; New York: Routledge.

Denny, R.(1994). *A taste of France*. New York: Thomson Learning.

Durrheim, K., Mtose, X., & Brown, L.(2011). *Race trouble: Race, identity and inequality in post-apartheid South Africa*. Lexington Books.

Dégh, L.(1989). *Folktales and society: story-telling in a Hungarian peasant community: expanded edition with a new afterword*(No. 526). Indiana: Indiana University Press.

Emerson, E. R.(2011). *The History of Alcohol in the Americas and Australasia - New Zealand, New South Wales, Cape of Good Hope, West India Islands, Demerara, Mexico and Peru, the Floridas, the USA, and the Indian Tribes*. Hesperides Press.

Fealy, G., & White, S.(2008). *Expressing Islam: Religious life and politics in Indonesia*. Singapore: Institute of Southeast Asian Studies.

Federspiel, H. M.(2009). *Persatuan Islam: Islamic reform in twentieth century Indonesia*. Jakarta: Equinox Publishing.

Fieldhouse, P.(2013). *Food and nutrition: customs and culture*. Springer.

Flynn, K. C.(2005). *Food, culture, and survival in an African city*. New York: Palgrave Macmillan.

Food in Every Country. "Food in Italy". http://www.foodbycountry.com/

Ford, M.(2004). *A challenge for business? Developments in Indonesian trade unionism after Soeharto*. ISEAS – Yusof Ishak Institute.

Frazer, J. G.(2011). *Totemism and Exogamy-A Treatise on Certain Early Forms of Superstition and Society*. SEVERUS Verlag.

Gadgil, A.(1998). Drinking water in developing countries. *Annual review of energy and the environment*, *23*(1), 253-286.

Geddes, B., and Garcia, P. 2000. World Food: Mexico. Lonely Planet.

Georgas, J.(1989). Changing family values in Greece: From collectivist to individualist. *Journal of Cross-Cultural Psychology*, *20*(1), 80-91.

Gheissari, A., Nasr, V., & Nasr, S. V. R.(2009). *Democracy in Iran: history and the quest for liberty*. Oxford University Press.

Gladstones, J.(1992). *Viticulture and environment*. Wine titles.

Halvorsen, F.(1998). *Eating Around the World in Your Neighborhood*. New York: John Wiley & Sons.

Hauser, E. O.(1981). *Italy, a cultural guide*. Encore Editions.

Hewitt, N.(2003). *The Cambridge companion to modern French culture*. New York: Cambridge University Press.

Hirokawa, H., & Osaragi, T. (2016). Earthquake disaster simulation system: Integration of models for building collapse, road blockage, and fire spread. *Journal of Disaster Research, Fuji Technology Press Ltd*, *11*(2), 175-187.

Hooson, D. J.(Ed.). (1994). *Geography and national identity*. Oxford: Blackwell.

Horng, J. S., & Tsai, C. T. S.(2010). Government websites for promoting East Asian culinary tourism: A cross-national analysis. *Tourism management*, *31*(1), 74-85.

Karenga, M.(1988). *The African American holiday of Kwanzaa: A celebration of family, community & culture*. Univ of Sankore Pr.

Kearney, J.(2010). Food consumption trends and drivers. *Philosophical transactions of the royal society B: biological sciences*, *365*(1554), 2793-2807.

Kinealy, C.(1994). *This Great Calamity: The Irish Famine 1845-52*. Gill & Macmillan Ltd.

Kittler, P. G., Sucher, K. P., & Nelms, M.(2011). *Food and culture*. California: Cengage Learning.

Kosmetatou, E.(1993). Horse sacrifices in Greece and Cyprus. *Journal of Prehistoric Religion*, *7*, 31-41.

Kovách, I., & Kučerová, E.(2006). The project class in Central Europe: the Czech and Hungarian cases. *Sociologia ruralis*, *46*(1), 3-21.

Lafferty, S., Commins, P., & Walsh, J. A.(1999). *Irish agriculture in transition: a census atlas of agriculture in the Republic of Ireland*. Teagasc.

Lawn, J. E., Cousens, S., Zupan, J., & Lancet Neonatal Survival Steering Team.(2005). 4 million neonatal deaths: when? Where? Why?. *The lancet*, *365*(9462), 891-900.

Lee, M., & Ulgado, F. M.(1997). Consumer evaluations of fast-food services: a cross-national comparison. *Journal of Services Marketing*, *11*(1), 39-52.

Makgae, P. J., Monyeki, K. D., Brits, S. J., Kemper, H. C. G., & Mashita, J.(2007). Somatotype and blood pressure of rural South African children aged 6~13 years: Ellisras longitudinal growth and health study. *Annals of human biology*, *34*(2), 240-251.

Najmi, M., Sharbatoghlie, A., & Jafarieh, A. (2010). Tourism market segmentation in Iran. *International Journal of Tourism Research*, *12*(5), 497-509.

Newman,G. and Newman, B.(1997). *Good Food from Australia*. New York: Hippocrene Books, Inc.

Palle, L.(1995). *A History of Denmark*. Copenhagen: Høst.

Petridou, G.(2016). *Divine Epiphany in Greek Literature and Culture*. Oxford: Oxford University Press.

Reinhard, E.(2016). *Aussie Food: 15 Top-of-the-List Australian Recipes (S-Asian Food, Australian Food, Asian Food)*. Kindle Edition, Amazon Digital Services LLC.

Salmond, A.(1997). *Between worlds: early exchanges between Maori and Europeans, 1773-1815*. Chronicle Books.

Scholliers, P.(2009). *Food culture in Belgium*. Connecticut: Greenwood Press.

Scholliers, P., & Geyzen, A.(2010). Upgrading the Local: Belgian Cuisine in Global Waves.

Gastronomica: *The Journal of Critical Food Studies*. *10*(2), 49-54.

Shariati, A., & Abedi, M.(1986). Nowruz. *Iranian Studies*, *19*(3-4), 235-241.

Sherratt, A.(1991). Sacred and profane substances: the ritual use of narcotics in later Neolithic Europe. In Sacred and profane: proceedings of a conference on archaeology, ritual and religion, pp. 50-64. Oxford: Oxford University Committee for Archaeology.

Sutton, S. B., & Adams, K. W.(2000). *Contingent countryside: settlement, economy, and land use in the southern Argolid since 1700*. California: Stanford University Press.

Van Esterik, P.(2008). *Food Culture in Southeast Asia*. Greenwood Publishing Group.

Visser, M.(2015). *The rituals of dinner: The origins, evolution, eccentricities, and meaning of table manners*. Open Road Media.

Wang.(2007). Eastern vs. Western cuisine. http://www.fcu.edu.tw/wSite/publicfile/Attachment/f1257146237999.pdf.

Weston, R.(2002). *Cooking the Japanese way*. Minnesota: Lerner Publications.

Whitehouse, R. D.(1992). *Underground religion: cult and culture in prehistoric Italy*(Vol. 1). Accordia Research Centre, University of London.

Zubaida, S., & Tapper, R.(Eds.).(1994). *Culinary cultures of the Middle East*, pp. 49-62. London: IB Tauris.

덴마크 문화부. "The ministry of culture". http://english.kum.dk/cultural-policy/the-ministry-of-culture/

http://denmark.dk/en/lifestyle/food-drink/danish-food-culture(덴마크 홈페이지). "Danish food culture".

http://hungaria.org/hal/culinaria/index.php?halid=2. "Hungarian cuisine, history, gastronomy, legend, memoires, recipes and lore". (accessed 2017. 2. 25.).

http://stats.oecd.org/

http://www.asausagehastwo.com/(a SAUSAGE HAS TWO). "German sausage guide: an introduction".

http://www.australia.gov.au/(오스트레일리아 정부 홈페이지). Australian Tourist Commission. [Online] Available (accessed February 23, 2017).

http://www.foodbycountry.com/(Food in Every Country). "Food in Mexico".

https://geert-hofstede.com/france.html

culture food life nation continent

저/자/소/개

이승우

현재, 상명대학교 외식영양학과에 재직 중이면서 식생활과 문화, 서양조리, 급식경영 마케팅 전략 및 인사관리 과목을 가르치고 있다.

앨라배마 대학교(The University of Alabama)에서 레스토랑 경영을 전공하였으며 글로벌 푸드 서비스 기업인 ARAMARK에서 Assistant Director를 역임하였다. 동대학원에서 석사를 마치고, 버지니아 공대(Virginia Tech)에서 박사를 받았다. 미국 코네티컷 주립대(Central Connecticut State University)에서 교수로 재임하다가 2012년 상명대학교로 자리를 옮기게 되었다. 해외봉사에 많은 관심을 가지고 있으며 미국, 아프리카, 중동아시아 그리고 아시아 권역의 많은 나라에서 해외 봉사활동을 지속하고 있다.

세계 식생활과 문화

초판 1쇄 인쇄 2017년 8월 7일
초판 1쇄 발행 2017년 8월 11일

지 은 이 | 이승우
펴 낸 이 | 김기섭
편 집 인 | 이초롱
펴 낸 곳 | 창지사 www.changjisa.com
08589 서울시 금천구 가산디지털 1로 83 파트너스타워 1차 9층
전화 (02)719-2211~3
팩스 (02)701-9386
등 록 | 1977년 4월 28일 · 제1-421호

ISBN 978-89-426-0945-1 (93590)

값 15,000원

이 도서의 국립중앙도서관 출판예정도서목록(CIP)은 서지정보유통지원시스템 홈페이지(http://seoji.nl.go.kr)와 국가자료공동목록시스템(http://www.nl.go.kr/kolisnet)에서 이용하실 수 있습니다(CIP제어번호: CIP2017019290)